Klaus Weber

Das Buch vom guten Pfannkuchen

Klaus Weber

Das Buch vom guten Pfannkuchen

Vollwertige Rezepte

Mit Cartoons von Renate Alf

pala verlag

Inhalt

Kapitel 1

Die Schönheit des Pfannkuchens

Alles, was wirklich schön ist, ist rund! Beginnend bei unserem Ursprungsplaneten, über das Bild, mit dem sich Sonne und Mond uns zeigen, bis zum Querschnitt von Bäumen, dem Grundmuster einer Schneeflocke, dem Steinkreis von Stonehenge – kurz: Alles, was den Menschen dauerhaft beeindruckt und erfreut, trägt die runde Form des Pfannkuchens.

Nun mag mancher sagen, dass dies alles nicht wegen des Pfannkuchens so sei, und eine längere Diskussion darüber wäre geradezu herrlich abwegig, aber dennoch kann es als empirisch gesicherter Wert gelten, dass der Pfannkuchen von sehr vielen Menschen wohl gelitten und gerne gegessen wird. Allein der deutsche Sprachraum gibt dem Objekt dieses Buches vielerlei Namen: Eierkuchen, Plinse, Omelett, Eiertätsch und Palatschinke, ein deutlicher Beweis für seine allgemeine Verbreitung. Europäische und weltweite Erscheinungsformen machen unzweifelhaft klar, dass der Pfannkuchen ob seines Wohlgeschmacks, seiner Schönheit und Nahrhaftigkeit von allen Menschen gleichermaßen geschätzt wird.

Die klassische Einfachheit seiner Form setzt sich fort in der ganzen Wesensstruktur des Pfannkuchens: Wenig Zutaten sind erforderlich (wirklich notwendig sind gerade mal zwei); seine Zubereitung bedarf eines einfachen Werkzeugs: der Pfanne (wobei selbst darauf in Notfällen verzichtet werden kann); der Garungsprozess selbst ist in seiner Kürze leicht zu verfolgen und zu steuern – und: einfach aus der Pfanne geholt, gerollt und aus der Hand gegessen, entfaltet der Pfannkuchen seinen höchsten Genuss.

Ein Vorteil dieser Einfachheit liegt auch darin, dass, wenn auch der Pfannkuchen an sich ein Hochgenuss ist, unendlich viele Kombinationen mit anderen Nahrungsmitteln möglich sind, seien diese süß, sauer oder salzig, locker oder fest, roh oder gekocht ... oder, oder, oder – je genauer man sich die Angelegenheit betrachtet, desto klarer wird die Universalität des Pfannkuchens und desto größer ist die Notwendigkeit, ihn mit einem Buche zu würdigen.

Jedoch sollte man sich nicht täuschen lassen: Wahre Einfachheit ist oftmals das Ergebnis hochkomplexer Schrittabfolgen, deren Missachtung das Resultat beeinträchtigen, wenn nicht gar vernichten kann; und welch größere Katastrophe ist in diesem Zusammenhang vorstellbar als ein Pfannkuchen, der festklebend und eingerissen sich in die Pfanne einfrisst, um unter großer Rauchentwicklung das Zeitliche zu segnen?

Diesen Problemen, die sich der Vollendung des guten Pfannkuchens an verschiedenen Momenten seines Entstehungsprozesses in den Weg stellen, ist dieses Buch gewidmet. Uneigennützige jahrzehntelange Versuchsreihen wurden unternommen, Teigzusammensetzungen, Hitzequellen und Bratfette akribisch getestet und bewertet, und die (fast) unendliche Geduld des Verlegers wurde auf eine harte Probe gestellt.

Außerdem wird dieses Buch dem Pfannkuchen als kulinarischem Großereignis auch damit gerecht, dass die besten Rezepte, die pfiffigsten Beilagen und die genialsten Weiterverarbeitungen vorgestellt werden und seine weltweite Verbreitung durch ausgewählte internationale Zubereitungsformen dokumentiert wird.

Exkurs

Das Märchen vom dicken, fetten Pfannekuchen

Es waren einmal drei alte Weiber, die wollten gerne Pfannekuchen essen. Da gab das erste ein Ei, das zweite Milch und das dritte Fett und Mehl.
Als der dicke, fette Pfannekuchen fertig war, richtete er sich in der Pfanne in die Höhe und lief den alten Weibern weg.
Er lief kantapper, kantapper in den Wald hinein.
Da begegnete ihm ein Häschen, das rief:
»Dicker, fetter Pfannekuchen, bleib stehn,
ich will dich fressen!«
Der Pfannekuchen antwortete:
»Ich bin drei alten Weibern weggelaufen
und sollte dir, Häschen Wippsteert,
nicht weglaufen?«
und lief kantapper, kantapper in den Wald hinein.
Da kam der Wolf herangelaufen und rief:
»Dicker, fetter Pfannekuchen, bleib stehn,
ich will dich fressen!«

Der Pfannekuchen antwortete:
»Ich bin drei alten Weibern weggelaufen
und Häschen Wippsteert
und sollte dir, Wolf Dicksteert,
nicht weglaufen?«
und lief kantapper, kantapper in den Wald hinein.
Da kam ein Reh herangesprungen und rief:
»Dicker, fetter Pfannekuchen, bleib stehn,
ich will dich fressen!«
Der Pfannekuchen antwortete:
»Ich bin drei alten Weibern weggelaufen,
Häschen Wippsteert, Wolf Dicksteert
und sollte dir, Reh Blixsteert, nicht weglaufen?«
und lief kantapper, kantapper in den Wald hinein.
Da kam eine Kuh herbeigerannt und rief:
»Dicker, fetter Pfannekuchen, bleib stehn,
ich will dich fressen!«
Der Pfannekuchen antwortete:
»Ich bin drei alten Weibern weggelaufen,
Häschen Wippsteert, Wolf Dicksteert, Reh Blixsteert
und sollte dir, Kuh Swippsteert, nicht weglaufen?«
und lief kantapper, kantapper in den Wald hinein.

Da kam eine Sau dahergefegt und rief:
»Dicker, fetter Pfannekuchen, bleib stehn,
ich will dich fressen!«
Der Pfannekuchen antwortete:
»Ich bin drei alten Weibern weggelaufen,
Häschen Wippsteert, Wolf Dicksteert,
Reh Blixsteert, Kuh Swippsteert
und sollte dir, Sau Haff, nicht weglaufen?«
und lief kantapper, kantapper in den Wald hinein.
Da kamen drei Kinder, die hatten keinen Vater
und keine Mutter mehr und sprachen:
»Lieber Pfannekuchen, bleib stehen!
Wir haben noch nichts gegessen den ganzen Tag!«
Da sprang der dicke, fette Pfannekuchen den Kindern
in den Korb und ließ sich von ihnen essen.

nach Karl und Theodor Colshorn

Kapitel 2

Pfannkuchen-Hardware

Wenig Gerätschaften sind für die Pfannkuchenproduktion erforderlich; neben Teigschüssel, Schöpfkelle und Küchenfreund sind es die Pfanne (logisch) und ein Herd.

Beginnen wir mit dem Wesentlichen: der Kochstelle. Verzögerungsfreie und exakte Dosierung der Hitzezufuhr und damit eine perfekte Steuerung des Bratprozesses sind natürlich auf einer Gaskochstelle am besten möglich. Wünschenswert für ein optimales Ergebnis sind für die Vorderseite des Pfannkuchens eine etwas höhere Hitze (am besten knapp unterhalb des Rauchpunktes des jeweiligen Bratfettes) und für die Rückseite eine etwas niedrigere Temperatur, was partielles Anbrennen zu vermeiden hilft. Auf Elektroherden sollte man eher auf eine Einstellung abzielen, die beide Seiten gleich behandelt, da diese Herde sich meist durch eine etwas größere Trägheit in der Hitzesteuerung auszeichnen. Bei der nostalgischen Art des Backens auf der holzgefeuerten Küchenhexe empfiehlt sich eine Wärmeregelung durch Verschieben der Pfanne vom »hot spot« direkt über der Glut zu einer weniger heißen Region am Rand der Ofenplatte.

Die Bratpfanne verdient ebenfalls große Aufmerksamkeit, da ja sie es ist, die dem Pfannkuchen Form, Farbe und Namen gibt. Mit Teflon oder ähnlichen Erzeugnissen beschichtete Pfannen sind mir persönlich ein Gräuel, obwohl sie sicherlich bei korrekter Behandlung zufriedenstellende Ergebnisse liefern mögen. Nur selten ist es mir gelungen, aus der frisch gespülten Edelstahlpfanne schon den kritischen ersten Pfannkuchen erfolgreich an einem Stück zu vollenden, mit zunehmender Anzahl wird dies jedoch immer leichter.

Mein Favorit ist die Bratpfanne aus Gusseisen, die nach dem Braten immer nur ausgewischt und nicht gespült wird. Beim Beginn der Braterei ist ein wenig Geduld vonnöten, bis die Pfanne ihre Betriebstemperatur erreicht hat, aber dann produziert sie fast von selbst Pfannkuchen, ohne dass diese anbacken, vom ersten bis zum letzten, von beiden Seiten angenehm gebräunt.

Bei der Wurf-Wende-Technik verhilft sie durch ihr nicht zu verachtendes Gewicht der Köchin bzw. dem Koch auch noch zu einer kleinen Fitness-Übung.

Die Größe der Pfanne spielt eigentlich keine Rolle für ein Gelingen, wohl aber die Neigung ihres Randes, da zu hohe und zu steile Ränder es unmöglich machen, eventuell anbackende Teigflächen zerstörungsfrei loszuspachteln.

Ganz wichtig ist auch das Zepter der Pfannekuchen-Königin: der von mir aus alter Familientradition so genannte »Küchenfreund«. Damit bezeichne ich jenes spachtelartige Gerät, mit dem man Bratgut in der Pfanne hin und her schieben und anbackende Pfannkuchen vorsichtig vom Pfannenboden lösen kann. Es gibt ihn in hölzerner und stählerner Ausführung, wobei ich die Version aus Stahl bevorzuge, besonders wenn sie noch ein wenig flexibel reagiert und genügend groß ist, einen auf die Hälfte zusammengeklappten Pfannkuchen zu tragen, wenn man ihn z. B. zu seinen fertigen Kollegen in die Warmhalte-Station im Backofen transportieren will.

Kapitel 3

Die Zutaten des Vollwert-Pfannkuchens

Gerade im Einfachen, Ursprünglichen liegt die wahre Kunst der Nahrungszubereitung. Einige wenige Zutaten genügen, um einen guten Pfannkuchen zuzubereiten. Aber gerade weil es nur wenige sind, sollten diese von bester und vollwertiger Qualität sein.

Mehl

Dem Getreide kommt in der Vollwerternährung eine zentrale Bedeutung zu, weil seine vielseitige Zusammensetzung dem Menschen fast alles bietet, was er zu einer gesunden Ernährung braucht. Bei der Herstellung von Auszugsmehlen werden die verderblichen und unverdaulichen Anteile des Getreides abgetrennt. Man muss sich einmal klarmachen, dass durch das Abtrennen des Getreidekeimes und der Randschichten etwa 60 – 90 % der Vitamine und Mineralien entfernt werden, dazu fast alle Ballaststoffe, hochwertigen Eiweiße und ungesättigten Fettsäuren. Übrig bleiben lediglich die Kohlenhydrate und das Klebereiweiß im Mehlkörper. Für die Pfannkuchen nehmen wir deshalb frisch vermahlenes Vollkornmehl, da nur so alle wertvollen Bestandteile des Getreidekorns erhalten bleiben.
Das Getreidekorn ist eine hervorragende natürliche Konserve; gut gelagert, bleiben die Inhaltsstoffe jahrelang haltbar. Nach dem Mahlen hat der Luftsauerstoff leichtes Spiel; Geschmacks- und Aromaverlust sind die eine Folge, Vitaminverlust ist die andere. Daher sollte man aus Geschmacks- wie aus Gesundheitsgründen das Getreide erst möglichst kurz vor der Verarbeitung vermahlen. Wegen ihres hohen Anteils an Gluten (Klebereiweiß) sind Weizen und Dinkel die erste Wahl beim Pfannkuchenbacken, aber auch andere Getreidearten lassen sich verwenden, wobei echte Feinschmecker selbstverständlich darauf achten, dass ihr Getreide aus kontrolliert biologischem Anbau stammt.

Eier

Tierisches Eiweiß (in Fleisch, Eiern und Milchprodukten) ist in der Vollwerternährung entbehrlich, da der Mensch seinen Eiweißbedarf aus reiner Pflanzenkost ausreichend decken kann. Das tierische Eiweiß gilt, im Übermaß verzehrt, inzwischen als Mitverursacher von verschiedenen ernährungsbedingten

Zivilisationskrankheiten. In Maßen genossen, sind Eier jedoch auch in der vollwertigen Küche vertretbar, und für den Pfannkuchen sind sie nun mal ein nahezu unverzichtbarer Bestandteil. Qualität statt Quantität zahlt sich auch beim Pfannkuchenbacken letztlich aus. Deshalb sollte man Eier aus Massentierhaltung meiden, denn der Gedanke an glückliche Hühner erhöht den Genuss beim Essen.

Fett

Fett sollte sehr sparsam verwendet werden, denn die meisten von uns essen ohnehin zu viel davon. Ungehärtetes Kokosfett ist zum Braten von Pfannkuchen gut geeignet, da es von Natur aus einen sehr hohen Siedepunkt hat und deshalb die starke Erhitzung über 150 °C verträgt. Außerdem sind spezielle Bratöle sowie Margarinen zum Braten und Backen geeignet. Achten Sie darauf, keine Salatöle oder Margarinen zu verwenden, die für den Kaltverzehr gedacht sind. Diese haben – wenn sie aus naturbelassenen Fetten bestehen – zweifelsohne gesundheitliche Vorteile, werden aber beim Erhitzen zerstört und entwickeln dann gesundheitsschädliche Stoffe. Die handelsüblichen raffinierten und gehärteten Öle und Fette vertragen zwar etwas höhere Temperaturen, haben jedoch durch die starke Bearbeitung bei ihrer Fertigung wichtige Inhaltsstoffe verloren und bilden darüber hinaus unerwünschte, möglicherweise gesundheitsschädliche Substanzen.

Flüssigkeiten

Die meisten Rezepte in diesem Buch verwenden Wasser für die Zubereitung des Teiges. Wer sich über die Qualität seines Leitungswassers unsicher ist, sollte hier ein stilles Mineralwasser wählen, wie es im Reformhaus und dem Naturkosthandel angeboten wird. Mit Kohlensäure versetztes Wasser lockert den Teig beim Backen zusätzlich auf.
Wenn Milch verwendet wird, ist die erste Wahl natürlich immer Vollmilch aus kontrolliert biologischer Erzeugung.

Salz

Nicht zu viel und nicht zu wenig Salz rundet den Geschmack des Pfannkuchens ab. Empfehlenswert ist das naturbelassene Vollmeersalz, da es wertvolle Mineralien und Spurenelemente enthält. Interessanterweise ähneln sich die Mineraliengehalte des Meeres und der Körperzelle, was aber kein Grund sein darf, die Pfannkuchen zu versalzen, selbst wenn der Koch verliebt sein sollte.

Exkurs

Die Legende vom ersten Pfannkuchen, der nie gelingt

Sogar in der »tageszeitung«, Rubrik »Letzte Fragen« vom 11. April 1998, wurde dieser hartnäckige Mythos Gegenstand ausführlicher Theoriebildung – ein wirklich lohnendes Recherche-Objekt für jeden Pfannkuchen-Liebhaber. Hier einige Deutungsversuche:

Ha! Es liegt also nicht an mir! Anderer Leute erste Pfannkuchen misslingen auch! In meiner Pfanne spielen sich allerdings noch weitere Mysterien ab: Ist der erste Pfannkuchen zugleich auch der einzige und somit eigentlich auch der letzte, gelingt er stets. Ich habe das immer auf den Erfolgsdruck, unter dem der Pfannkuchen steht, geschoben, kommen nach ihm doch keine Exemplare mehr, die sein Misslingen wieder ausgleichen könnten. Alle Versuche, beim Backen mehrerer Pfannkuchen dem ersten das Gefühl zu geben, der einzige und letzte zu sein, schlugen übrigens fehl. Sie wurden durchschaut.

(Sibylle Scheerer)

Die alltagstheoretische Deutung (»Schwiegermutter-Theorie«) besagt, dass der erste Pfannkuchen sowieso immer misslingt, weshalb man für den ersten besser etwas weniger Teig in die Pfanne geben sollte, woraufhin der erste Pfannkuchen mit Sicherheit anbrennt und folgerichtig misslingt ...

(Bernhard Debatin)

Der erste Pfannekuchen gelingt tatsächlich nie. Das ist eine der unumstößlichen Wahrheiten. Deshalb darf man sich nichts daraus machen, sondern sollte ihn an den verteilen, der am liebsten Pfannekuchen isst und bereits die Finger gewaschen hat und am Tisch sitzt. Wenn es mehr als einen hungrigen Esser gibt, kann man den damit trösten, dass ja der zweite Pfannekuchen viel schöner sein wird. Und auch das stimmt immer. Das Erfolgserlebnis beim Pfannekuchenbacken ist also garantiert: Der erste gelingt nie – was kein wirklicher Misserfolg ist, sondern so sein muss. Ab Pfannekuchen Numero zwei gelingen sie dann immer besser, und das macht zufrieden, auch wenn man gar nicht gerne Pfannekuchen isst.

(Ruth Weissmüller)

Als Teilzeithausmann mit langjähriger Erfahrung muss ich der Fragestellung widersprechen: Der erste Pfannkuchen gelingt immer! Da ist man mit voller Konzentration bei der Sache. Spätestens beim dritten Pfannkuchen versucht man, nebenbei etwas anderes zu erledigen, und erst der Brandgeruch erinnert einen daran, dass es jetzt zu spät ist, den Pfannkuchen zu wenden.

(Uwe Rumberg)

Entgegen der landläufigen Meinung, dass alle Gegenstände kein Gedächtnis besitzen, ist die Pfanne die Ausnahme von der Regel. Sie hat ein hervorragendes Gedächtnis, das allerdings – ähnlich wie beim Menschen auch – an Altersschwäche leidet und unangenehme Erlebnisse schnell wieder vergisst. Kommt nun Öl oder Butter in die Pfanne, freut sich die Pfanne schon auf ein schönes Schnitzel, ein saftiges Steak oder frisches, zart duftendes Gemüse. Keinesfalls kommt die Pfanne auf die Idee, mit einer breiigen, wässrigen Pampe konfrontiert zu werden. Das ist so eine Art Kriegserklärung an die Pfanne von Seiten des Benutzers. Entsprechend reagiert die Pfanne zunächst mit Gegenwehr und versucht aufs heftigste, diesen Brei wieder loszuwerden, was ihr nur stellenweise gelingt, sodass der erste Pfannekuchen an einigen Stellen keine Farbe hat, während andere Stellen schon fast schwarz sind. Erst nach und nach merkt die weniger kluge Pfanne, dass aus dem ekligen Mehl-Ei-Gebräu ein leckerer Pfannekuchen wird und gibt deshalb jede Gegenwehr auf. Die klügere Pfanne gibt nach und ergibt sich gleich in ihr Schicksal. Jede Gegenwehr ist zwecklos, denn die nächste Teigattacke ist ja bereits in Vorbereitung …

(Brigitte Sutorius)

Die einzige Wahrheit ist aber: Der erste Pfannkuchen gelingt in Wirklichkeit immer! Die Legende wurde geschaffen von hungrigen Köchen, denen der verführerische Duft des ersten so unwiderstehlich in die Nase stieg, dass sie den wohlgeratenen, ungemein appetitlich aussehenden Pfannkuchen mir nichts, dir nichts mit dem Küchenfreund (mechanisches Gerät zur Bratgutwendung) ruckzuck zerstückelten und zerstörten, um dann unter Bedauern mitteilen zu können, dass das erste Exemplar leider sofort gegessen werden musste, da es irgendwie nicht gelungen sei. Und wer jemals einen Pfannkuchen einfach so direkt aus der Pfanne genossen hat, wird jedem diese Notlüge verzeihen.

Kapitel 4

Exemplarisches Grundrezept

Nachdem im letzten Kapitel die Beschaffenheit der einzelnen Ingredienzien Thema war, wird in diesem Abschnitt davon die Rede sein, wie man diese am besten zu einem optimalen Pfannkuchenteig vereinigt.

Zunächst wird das Mehl gemahlen und in eine große, leicht zu reinigende Schüssel gegeben. Große Schüsseln haben den einfachen Vorteil, dass selbst bei heftigstem Rühren ein geringer Teig-Spritz-Faktor die Kücheneinrichtung schont. Wenn verschiedene Mehlsorten in einem Teig zusammenkommen sollen, mischt man sie am besten jetzt, solange noch keine Flüssigkeit zugefügt ist. Mein bevorzugtes Werkzeug für diese Arbeit ist ein einfacher Holz-Kochlöffel.

Als Nächstes werden die Eier in das Mehl gegeben und dort möglichst gut eingearbeitet. Dann erst wird das Wasser zunächst schluckweise untergerührt, wobei darauf zu achten ist, dass sich keine Klumpen bilden. Das geht umso einfacher, je sorgfältiger man darauf achtet, nach jedem Wasserzusatz die ganze Teigmenge so lange gründlich durchzuarbeiten, bis eine gleichmäßige Konsistenz erreicht ist.

Die endgültige Form des Teiges variiert von Rezept zu Rezept. Sie kann recht dünnflüssig sein oder auch fast zäh; Genaueres wird beim jeweiligen Rezept erläutert. Auch der Faktor Zeit spielt eine Rolle: Ein Pfannkuchenteig aus Vollkornmehl sollte eine Zeit lang stehen bleiben, da Vollkornmehle Wasser aufnehmen und sich die Teigbeschaffenheit damit noch ändert.

Wichtig ist für jeden Pfannkuchenbäcker, dass er zu seinem »persönlichen Stil« findet und die für seinen Geschmack, die benutzte Pfanne und den jeweiligen Verwendungszweck optimale Zubereitung selbst herausfindet – das gilt natürlich ebenso für Pfannkuchenbäckerinnen.

Die Faustregel, die in fast jedem Fall angewendet werden kann, besagt: Die Gramm-Menge an Mehl mit der doppelten Milliliter-Menge an Milch oder Wasser plus Eier plus Salz ergibt einen funktionierenden Teig, der manchmal noch ein wenig mehr Flüssigkeit vertragen kann.

Die Entwicklung eines »persönlichen Stils« hat schlussendlich auch den Vorteil, dass man irgendwann nicht mehr umständlich mit Waagen und Messbechern hantieren muss, sondern mit großer Geste und instinktiv im Handumdrehen, am besten während die Pfanne auf dem Herd schon heiß wird, den Teig bereitet.

Kapitel 5

Das Braten des guten Pfannkuchens

Nunmehr erfolgt die Beschreibung des magischen Schrittes, der mystischen Transformation einer amorphen, blassen Masse in ein kreisrundes, wunderbar duftendes und köstlich schmeckendes Ereignis. Also am besten aufmerksam durchlesen und dann sofort ausprobieren!

Alles ist bereit und liegt neben der Kochstelle zur Hand: eine Schüssel mit Teig, eine auf Pfannkuchenportion geeichte Schöpfkelle, ein von mir Küchenfreund genannter Pfannenschaber, der nicht nur in der Lage ist, Teig in der Pfanne zu verteilen, sondern auch anbackende Teigränder frei zu spachteln, dann noch das gute Kokosbackfett sowie ein Messer, um dieses zu portionieren. Und jetzt (Fanfare, Tusch!) geht's los!

Die Pfanne wird auf die Kochstelle gestellt und mit maximaler Hitzezufuhr auf Betriebstemperatur gebracht. Die erste Portion Backfett kommt in die Pfanne und beginnt zu schmelzen wie ein Eisberg vor Hawaii. Früher soll es Köchinnen und Köche gegeben haben, die nun als Test für die korrekte Backtemperatur in die Pfanne spuckten, um nach dem Geräusch des Britzelns und Zischens zu entscheiden, ob das Fett bereits heiß genug sei. Solches Tun ist schon aus hygienischen Gründen vollständig inakzeptabel, weswegen hier zu dem so genannten Holz-Kochlöffel-Stiel-Test geraten wird: Wenn um einen in das heiße Fett gehaltenen Holz-Kochlöffel-Stiel deutlich Bläschen im Fett aufsteigen, ist die Backtemperatur erreicht. Wenn beim Fett Rauchentwicklung einsetzt, muss man die Pfanne sofort vom Feuer nehmen und die Hitzezufuhr entsprechend reduzieren.

Jetzt muss zügig der Teig eingebracht werden. Am leichtesten geht das, wenn man die Pfanne mit der rechten Hand (Linkshänder mit der linken) leicht anhebt, mit der Schöpfkelle in der linken Hand (Linkshänder mit der rechten) den Teig eingießt und mit einer kreisförmigen Kippbewegung die Schwerkraft dazu bringt, für eine gleichmäßige Verteilung desselben zu sorgen. Ein Richtwert für die Teigmenge sind etwa 100 Milliliter bei einem Pfannendurchmesser von etwa 22 Zentimeter. Bei den dickflüssigeren Teigen reicht die Schwerkraftmethode allerdings nicht aus; hier wird dann der Küchenfreund wie ein

Spachtel verwendet, um auf der gesamten Pfannenfläche eine gleichmäßige Teigdicke zu erreichen. Die Gleichmäßigkeit ist erforderlich, damit an den dickeren Stellen keine rohen Teigreste den Genuss beim Verzehr schmälern.

Nun darf die Vorderseite des Pfannkuchens in Ruhe etwa ein bis zwei Minuten vor sich hin braten, dann aber sollte man durch schnelles Hin- und Herbewegen der Pfanne feststellen, ob der Pfannkuchen anhaftet oder auf einer dünnen Fettschicht »schwimmt«. Tut er das nicht, kommt wiederum der Küchenfreund zum Einsatz, mit dem man vom Rand her mit äußerster Vorsicht anhaftende Stellen löst, ohne den Delinquenten zu beschädigen. Sollte sich dennoch bei dieser Arbeit ein Riss im Bratgut zeigen, lässt sich dieser mit einer Spur Teig reparieren. Ein kurzer Blick auf die Unterseite gibt nun darüber Auskunft, ob der gewünschte Bräunungsgrad erreicht ist, was dann den nächsten Schritt einleitet: die Wende!

Beim Wenden eines Pfannkuchens sind zwei Techniken möglich: die profane und die artistische. Die profane Technik besteht darin, dass man mit dem Küchenfreund vorsichtig weit unter den Pfannkuchen geht, diesen mit leichter Hand anhebt und umgekehrt zurück in die Pfanne legt. Die artistische Variante erfordert einige Übung, da es sich hier im eigentlichen Sinne eher um eine Wurftechnik handelt. Wenn man Könnern dabei zuschaut, sieht alles ganz leicht aus: Der Pfannkuchen erhebt sich leicht aus der Pfanne, verharrt für einen Sekundenbruchteil in der Schwebe und legt sich dann auf der anderen Seite wieder zurück in sein Fettbett. Wenn jedoch ein unbedarfter Anfänger dasselbe zu tun versucht, heißt die Devise: Videokamera bereithalten! Denn dann sind die nächsten Familienfeste um einen oder mehrere Höhepunkte reicher, da hier ein weites Feld für ungewollte Slapstick-Einlagen offen steht.

Für diejenigen, die dennoch Adepten dieser hohen Kunst werden wollen, folgt hier eine kurze Anleitung. Voraussetzung für einen gelungenen Wurf ist zunächst, dass der Pfannkuchen nicht an der Pfanne anhaftet, was man, wie oben beschrieben, durch Anheben der Pfanne und kurzes, schnelles Vor- und Zurückbewegen derselben feststellen kann. Die gleiche Bewegung leitet auch einen Wurf ein, wobei die letzte Vorbewegung etwas kräftiger ausgeführt und dann abrupt gestoppt wird. Wenn man die Pfanne gleichzeitig an der dem Werfer entfernt liegenden Seite anhebt, verleitet dies den Pfannkuchen dazu, sich über den Pfannenrand noch oben zu bewegen. Allerdings sollte nur so viel Schwung in diese Aktion gehen, dass das Flugobjekt sich gerade eben über die Pfanne erhebt und nicht Richtung Küchendecke auf den Weg gebracht wird. Durch den Spin des Wurfes wendet sich der Pfannkuchen ganz von selbst, und eine leichte, nach unten gerichtete Bewegung der Pfanne lässt ihn dann sicher wieder in derselben landen.

Jetzt, nach all diesen Aufregungen, kann der Pfannkuchen in Gemütsruhe zu Ende backen. Die Rückseite braucht deutlich weniger Zeit als die Vorderseite und tendiert auch leichter zum Anbrennen; deswegen kann man für sie auch die Hitzezufuhr vermindern.

Wenn die Pfannkuchen nicht zum sofortigen Verzehr gedacht sind, sollte man sie direkt aus der Pfanne an einen warmen Platz bringen, z. B. auf einen Teller im Backofen auf Warmhaltestufe.

Da die Zubereitung eines Pfannkuchens mit Wartezeiten beim Backen deutlich mehr Zeit erfordert als sein Verzehr, sollte man diese Wartezeiten sinnvoll nutzen, z. B. für die Vorbereitung der Beilagen. Dazu noch ein Tipp: Diverse gedünstete Gemüsezubereitungen lassen sich mit dem rohen Pfannkuchenteig (etwa ein gestrichener Esslöffel) hervorragend binden, was ihren Verzehr in einem zusammengerollten Pfannkuchen erheblich erleichtert.

Exkurs

Wende-Rekorde

Unglaublich, aber wahr: Am 28. Juni 1997 stellte der Deutsche Ralf Laue einen neuen Weltrekord auf, indem er innerhalb von zwei Minuten einen Pfannkuchen 416 mal durch Werfen in der Pfanne wendete. Ob es sich dabei um einen Vollwert-Pfannkuchen handelte, ist nicht überliefert. Sicher ist, dass der Pfannkuchen bei dieser Gelegenheit nicht anbrennen konnte, da er wohl bedeutend mehr Zeit in der Luft als in der Pfanne verbrachte. Im Internet kann man sich unter http://recordholders.org/de/records/pancake.html sogar ein Video des Rekordhalters herunterladen, aus dem man sicherlich viel für die eigene Wurftechnik lernen kann.

Für den nicht auszuschließenden Fall, dass Sie, geneigte Leserinnen und Leser, ähnliche Ambitionen hegen und daran arbeiten, den amtierenden Weltmeister von seinem Thron zu stoßen, dokumentiere ich hier die Guinness-Regeln fürs Pfannkuchenwenden:

1. Bei dem Rekord geht es darum, einen Eierkuchen (derselbe während des gesamten Rekordversuchs) in zwei Minuten durch Werfen aus der Pfanne zu wenden. Der Eierkuchen muss aus 170 g Teig in einer Pfanne mit einem Bodendurchmesser von 15,2 cm gebacken werden. Die Zutaten müssen essbar sein und Mehl, Eier und Milch enthalten.

2. Die zum Werfen verwendete Pfanne muss mindestens 340 g wiegen und auf dem Boden mindestens einen Durchmesser von 21,5 cm haben.

3. Die Zahl der Würfe muss korrekt gezählt und in der Rekordanmeldung vermerkt werden.

Rezepte

Grundrezepte

Einfach und wirkungsvoll

Am Anfang der Rezeptsammlung stehen die wesentlichen Grundrezepte, die die Ausgangspunkte für unterschiedliche Getreidekombinationen, unterschiedliche Ei-Anteile und Zubereitungsformen markieren. Auch die Verwendung von Hülsenfrüchten als Hauptzutat wird exemplarisch beschrieben. Jedes der Rezepte kann nach dem ersten Ausprobieren selbst verändert werden, um persönlichen Geschmacks- und Mengenwünschen zu genügen. Die in den Rezepten angegebenen Mengen reichen als Hauptmahlzeit für zwei tüchtige, drei sparsame oder vier bescheidene Esser.

Weizen-Pfannkuchen

Das Standardmodell

250 g Weizen, fein gemahlen
2 Eier
600 ml Wasser
1 Prise Salz

Weizenmehl, Eier und Wasser zu einem dünnflüssigen Teig verarbeiten. Das Salz unterrühren und 30 Minuten ruhen lassen.

Ergibt etwa acht Pfannkuchen.

Beilagen: Hier sind der Fantasie keine Grenzen gesetzt. Sowohl Rohköstliches als auch jede erdenkliche Form der Gemüsezubereitung kann mit diesen Pfannkuchen kombiniert werden, manche Leute mögen auch Apfelmus oder Beerenzubereitungen dazu.

Pfannkuchen mit Milch

Schnell gebacken, leicht verbrannt

250 g Weizen, fein gemahlen
500 ml Milch
2 Eier
1 Prise Salz

Das Mehl mit der Milch und den Eiern zu einem dünnflüssigen Teig verarbeiten. Salz hinzufügen und den Teig abschmecken.

Diese Menge reicht für etwa acht Pfannkuchen.

Besonderheiten: Vorsicht beim Backen ist geboten, da die Milch im Teig den Backvorgang beschleunigt und das Bratgut auch leichter anhaften lässt.

Pfannkuchen, vegan

Erfordern Übung, weil sie leicht anbacken

125 g Weizen, fein gemahlen
125 g Hartweizen, fein gemahlen
800 ml Wasser
1 Prise Salz

Die beiden Mehlsorten mischen und mit dem Wasser zu einem sehr flüssigen Teig verarbeiten. Das Salz hinzufügen und den Teig abschmecken. Den Teig 30 Minuten ruhen lassen.

Ergibt etwa acht Pfannkuchen.

Besonderheiten: Der sehr flüssige Teig stellt an die Pfannkuchen-Bäckerin bzw. den Pfannkuchen-Bäcker allerhöchste Ansprüche, da er sehr leicht anbäckt. Das liegt an dem hohen Anteil von Klebereiweiß, das der Hartweizen enthält. Auf eine genügende Menge an Backfett ist daher sehr sorgfältig zu achten.

Beilagen: Schmeckt sehr gut zusammen mit einer klassischen Rotkohl-Zubereitung.

Omelett

Mit ein paar Eiern mehr

250 g Weizen, fein gemahlen
3 Eigelb
400 ml Wasser
1 Prise Salz
3 Eiweiß

Das Mehl mit dem Eigelb und dem Wasser zu einem flüssigen Teig verarbeiten. Das Salz unterrühren und den Teig 30 Minuten ruhen lassen. Das Eiweiß sehr steif schlagen und vorsichtig unter den Teig heben.

Ergibt etwa acht Omeletts.

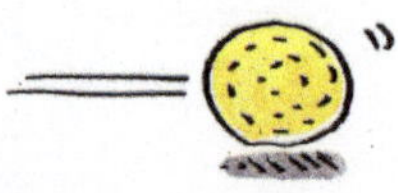

Grünkern-Pfannkuchen

Kräftig und deftig

125 g Weizen, fein gemahlen
125 g Grünkern, fein gemahlen
1 Ei
500 ml Wasser
1 Prise Salz

Weizen- und Grünkernmehl mit dem Ei und dem Wasser zu einem dünnflüssigen Teig verarbeiten. Das Salz unterrühren und den Teig 30 Minuten ruhen lassen.

Ergibt etwa acht Pfannkuchen.

Beilagen: Grüne Bohnen mit Schafskäse passen gut zu dem rauchigen Geschmack des Grünkerns.

Gersten-Pfannkuchen

Getreidevariation 1

200 g Gerste, fein gemahlen
300 ml Milch
3 Eier
1 Prise Salz

Das Mehl mit der Milch und den Eiern zu einem dickflüssigen Teig verarbeiten. Das Salz hinzufügen und den Teig abschmecken.

Ergibt etwa sechs etwas stärkere Pfannkuchen.

Besonderheiten: Den Teig beim Einfüllen in die Pfanne gut mit dem Küchenfreund ausstreichen, da die Schwerkraft hier zur gleichmäßigen Verteilung nicht ausreicht.

Beilagen: Gut zu Gerste passt ein Brokkoligemüse, das genügend Flüssigkeit enthalten sollte, um den etwas trockenen Charakter der Gerstenküchlein auszugleichen. Gersten-Pfannkuchen schmecken auch ganz hervorragend mit allerlei Pilzzubereitungen.

Buchweizen-Pfannkuchen
Getreidevariation 2

175 g Buchweizen, fein gemahlen
175 g Weizen, fein gemahlen
700 ml Wasser
2 Eier
1 Prise Salz

Buchweizen- und Weizenmehl mit dem Wasser und den Eiern zu einem dünnflüssigen Teig verarbeiten. Das Salz hinzufügen. Den Teig abschmecken und 30 Minuten ruhen lassen.

Diese Menge reicht für etwa zwölf Pfannkuchen.

Besonderheiten: Ein gut verlaufender Teig, der sich auch für dünne, knusprige Pfannkuchen eignet.

Beilagen: Der feine, nussige Geschmack passt gut zu Lauchgemüse.

Hirse-Pfannkuchen
Getreidevariation 3

200 g Hirse, fein gemahlen
350 ml Milch
2 Eier
1 Prise Salz

Hirsemehl mit der Milch und den Eiern zu einem flüssigen Teig verarbeiten. Das Salz hinzufügen und den Teig abschmecken. Den Teig 30 Minuten ruhen lassen.

Ergibt etwa zehn Pfannkuchen.

Besonderheiten: Die Hirse-Pfannkuchen sind sehr schnell fertig gebacken, also rechtzeitig wenden!

Beilagen: Zusammen mit einem Spinatgemüse serviert – ein echter Hochgenuss.

Kichererbsen-Pfannkuchen

Nicht lachen, das sind Hülsenfrüchte!

200 g Kichererbsenmehl
500 ml Wasser
1 Knoblauchzehe, gepresst
1 Prise Salz
1 Prise Pfeffer

Das Kichererbsenmehl mit dem Wasser und der durchgepressten Knoblauchzehe zu einem dünnflüssigen Teig verarbeiten. Salz und Pfeffer hinzufügen und den Teig abschmecken.

Diese Menge reicht für etwa sechs Pfannkuchen.

Besonderheiten: Diese in der indischen Küche Papadum genannten Pfannkuchen sind sehr knusprig und eignen sich hervorragend als mit der Hand zu essende Beilage zu allen exotischen Gemüsegerichten.

Kratzete

Badisch-schweizerischer Schmarrn

250 g Weizen, fein gemahlen
1 Prise Salz
200 ml Wasser
100 ml Milch
2 Eier

Das Mehl mit dem Salz, dem Wasser und der Milch zu einem dickflüssigen Teig verarbeiten. Die Eier trennen. Das Eigelb in den Teig geben, und das Eiweiß steif schlagen und unter den Teig heben.

Beim Backen der Kratzete kommt der Backofen mit ins Spiel: nicht zu sehr vorheizen (etwa 130 °C).

Dicke Pfannkuchen backen (die angegebene Teigmenge reicht für etwa drei Exemplare), die nach dem Wenden in der Pfanne mit dem Küchenfreund und einer Gabel in kleinere, mundgerechte Stücke zerteilt werden. Diese können in der Mitte noch etwas roh sein, da sie im Backofen fertig gebacken werden. Vorsicht: Nicht zu lange im Backofen lassen, sonst trocknen sie zu stark aus!

Die Kratzete gelten im Badischen als die ideale Beilage zu einem Spargelgemüse und – was soll ich sagen: Die Badner haben einfach Recht!

Schmarrn

Aus Österreich: der zerstörte Pfannkuchen

250 g Weizen, fein gemahlen
400 ml Milch
2 Eier
1 Prise Salz

Das Mehl mit der Milch und den Eiern zu einem dickflüssigen Teig verarbeiten. Das Salz hinzufügen und den Teig abschmecken.

Ergibt keinen Pfannkuchen, dafür aber einen Schmarrn!

Besonderheiten: Vermutlich aus einer verunglückten Pfannkuchen-Produktion heraus entwickelt, umgeht die Schmarrn-Produktion die Wende-Problematik geschickt: Zunächst wird die ganze Teigmenge auf einmal in die erhitzte und gefettete Pfanne gegeben. Wenn die erste Seite zufriedenstellend gebräunt ist, wird eine Wendung probiert, wobei meistens schon an dieser Stelle eine gewisse Zerlegung des Pfannkuchens in kleinere und immer kleinere Stücke beginnt, die einfach so unter beständigem Wenden gar gebraten werden: Fertig ist der Schmarrn!

Beilagen: Macht sich salzig sehr gut zu einem Gemüse aus frischen Spargeln, wird aber auch gern süß genossen: Dann kann man dem Teig noch Honig nach Geschmack und eine Handvoll Rosinen beigeben.

Exkurs

Survival-Pfannkuchen

Immer wieder kommt es vor, dass passionierte Pfannkuchen-Liebhaber, die sich fernab von jeder zivilisierten Behausung aufhalten, von dem durchaus erklärlichen Verlangen nach frischen Pfannkuchen überfallen werden. Zwar gehört frisch gemahlener Weizen, etwas Backpulver, Wasser und Salz heute zu jeder fortschrittlichen Survivalausrüstung, doch es bleibt das Problem: Wie mache ich einen Pfannkuchen ohne Pfanne, Herd, Küchenfreund und Eier?

Um diesen für wahre Pfannkuchenfreunde gar nicht so unwahrscheinlichen Fall der Fälle gelassen entgegentreten zu können, soll hier eine mögliche Vorgehensweise skizziert werden:

1. Man sucht sich eine Stelle, an der man ein nicht zu kleines Holzfeuer entfachen kann, ohne dadurch Wald- oder Steppenbrände zu verursachen.

2. Man sammelt genügend trockenes Holz, bevorzugt Hartholz wie z. B. Buche.

3. Man sucht einen Stein, der nicht kalkig oder zu sandig porös sein sollte und über eine ebene Fläche verfügt, die der Größe des gewünschten Pfannkuchens entspricht. Besonders schlaue Survival-Experten tragen diesen Stein nicht meilenweit zur Feuerstelle, sondern richten diese dort ein, wo sie den passenden Stein und eine passende Umgebung (wegen Waldbränden usw.) finden. Vorsicht! NIEMALS Steine vom Flussufer oder aus dem Bachbett nehmen, da diese manchmal sehr explosiv auf Hitze reagieren!

4. Nachdem man den Stein sorgfältig gesäubert hat, schürt man auf ihm und um ihn herum das Feuer, sodass er möglichst viel Hitze in sich aufnehmen kann.

5. Während das Feuer lustig vor sich hin brennt, bereitet man einen Teig aus fein gemahlenem Weizen, Backpulver, wenig Wasser und Salz. Dieser Teig darf aber nicht wie beim domestizierten Pfannkuchen flüssig sein, sondern eher knetbar. Das Backpulver erfüllt die Aufgabe, das Ergebnis ein wenig luftiger und lockerer zu machen, im Prinzip geht es aber auch ohne.

6. Aus dem Teig werden zwischen den Händen möglichst dünne Fladen geformt.

7. Wenn das Feuer den Stein recht stark erhitzt hat und nur noch Glutbrocken darauf liegen, fegt man ihn sehr sorgfältig sauber (z. B. mit ein wenig Fichtengrün).

8. Die Fladen werden jetzt ohne Fett auf den heißen Stein gelegt und gebacken, wobei sich die Backzeiten natürlich nach der gespeicherten Hitze richten. Die ersten Fladen werden also relativ schnell gar sein, mit zunehmender Anzahl verlängern sich die Backzeiten, da der Stein langsam abkühlt.

9. Pur genossen, sind die Wildnis-Pfannkuchen ein wenig trocken, aber mit Butter bestrichen und mit Käse oder der mitgebrachten Rohkost kombiniert, werden sie zum Outdoor-Gaumenerlebnis.

Für Fortgeschrittene

Rezepte, die mehr Zeit und Erfahrung erfordern

Im zweiten Teil der Rezeptsammlung findet der ambitionierte Pfannkuchen-Adept eine Ideensammlung, wie man seine Pfannkuchen noch vielseitiger und interessanter zubereiten kann. Auch hier kann man natürlich nach eigenem Geschmack Änderungen vornehmen und Variationen erfinden.

Grüne Pfannkuchen

Schnittlauch im Teig

250 g Weizen, fein gemahlen
2 Eier
400 ml Wasser
1 Prise Salz
1 großes Bund Schnittlauch, fein gehackt

Das Mehl mit den Eiern und dem Wasser zu einem dickflüssigen Teig verarbeiten. Das Salz unterrühren und den Teig mit dem Schnittlauch verfeinern und färben.

Ergibt etwa acht Pfannkuchen.

Besonderheiten: Da sich der Teig eher weniger gut in der Pfanne verteilt, sollte man hier die Verteilung nicht nur der Schwerkraft überlassen, sondern mit einem geeigneten Werkzeug (z. B. der Rückseite eines Esslöffels) nachhelfen.

Beilagen: Für das Auge gehen diese Pfannkuchen sehr gut mit einem Gemüse zusammen, das selbst keine starke Färbung aufweist, wie z. B. Blumenkohl. Aber auch jede andere deftige Gemüsezubereitung verträgt sich gut mit diesem pikanten Genuss.

Rote Pfannkuchen

Tomatenmark im Teig

300 g Weizen, fein gemahlen
1 Ei
600 ml Wasser
1 große Prise Salz
50 g Tomatenmark

Das Mehl mit dem Ei und dem Wasser zu einem flüssigen Teig verarbeiten. Das Salz unterrühren und den Teig mit dem Tomatenmark verfeinern und färben.

Ergibt etwa acht Pfannkuchen.

Besonderheiten: Vorsicht! Das Tomatenmark lässt den Teig beim Braten leichter an der Pfanne anbacken. Den Pfannkuchen also rechtzeitig mit dem Küchenfreund (Pfannenschaber) lösen.

Beilagen: Die Farbenpracht dieses Menüs wird durch ein Gemüse aus roter Paprika noch gesteigert; das i-Tüpfelchen ist dann noch ein Ziegen- oder Schafskäse.

Lauch-Pfannkuchen

Eine komplette Mahlzeit

125 g Weizen, fein gemahlen
125 g Grünkern, fein gemahlen
600 ml Wasser
2 Eier
300 g Lauch
1 Prise Salz

Weizen- und Grünkernmehl mischen und mit dem Wasser und den Eiern zu einem dünnflüssigen Teig verarbeiten. Den Lauch fein schneiden und unter den Teig arbeiten. Das Salz hinzufügen und den Teig abschmecken.

Diese Menge reicht für etwa acht Pfannkuchen.

Besonderheiten: Den Teig nicht zu dünn in der Pfanne verteilen und beim Wenden mit erhöhter Sorgfalt arbeiten, da der Lauch den Pfannkuchen etwas bröselig macht.

Linsen-Pfannkuchen

Ein eingedeutschter Exot

100 g Linsen, fein gemahlen
150 g Weizen, fein gemahlen
1 Ei
400 ml Wasser
1 Prise Salz

Linsen und Mehl mit dem Ei und dem Wasser zu einem flüssigen Teig verarbeiten. Das Salz hinzufügen und den Teig abschmecken.

Ergibt etwa acht Pfannkuchen.

Besonderheiten: Beim Backen binden die Linsen viel Flüssigkeit, sodass der etwas trockene Gesamtcharakter durch eine entsprechend flüssigere Beilage aufgefangen werden sollte.

Beilagen: Zu dem leicht orientalisch anmutenden Geschmack passt z. B. eine Avocado-Creme. Dazu die Avocado mit einer Gabel zerdrücken, mit saurer Sahne verflüssigen und mit Kräutersalz würzen. Nach Belieben noch einen Esslöffel Sesampaste (Tahin) unterrühren.

Kartoffel-Pfannkuchen

Nicht mit Kartoffelpuffer verwechseln!
Echte Pfannkuchen mit Kartoffelanteil!

150 g Weizen, fein gemahlen
2 Eier
600 ml Wasser
ca. 150 g gekochte Kartoffeln
1 Prise Salz

Das Mehl mit den Eiern und dem Wasser zu einem dünnflüssigen Teig verarbeiten. Die Kartoffeln schälen, pürieren und in den Teig geben. Das Salz unterrühren und den Teig 30 Minuten ruhen lassen.

Ergibt etwa acht Pfannkuchen.

Besonderheiten: Natürlich ist diese Art des Pfannkuchens besonders dazu geeignet, von einer vorherigen Mahlzeit verbliebene Restkartoffeln zu einem neuen schmackhaften Gericht zu verwandeln.

Beilagen: Der Kartoffel-Pfannkuchen ist am besten kombinierbar mit deftigen Kohl-Zubereitungen.

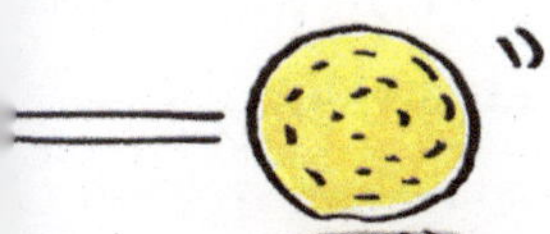

Schwarzwurzel-Buchweizen-Pfannkuchen

Mit dem Crêpe verwandte Delikatesse

200 g Buchweizen, fein gemahlen
750 ml Wasser
250 g geriebene Schwarzwurzeln
1 Prise Salz

Alle Zutaten zu einem dünnflüssigen Teig verarbeiten.

Diese Menge reicht für etwa acht Pfannkuchen.

Besonderheiten: Diese mit dem klassischen Crêpe verwandten Pfannkuchen lassen sich auch am besten in einer Crêpe-Pfanne ohne erhöhten Rand und mit einem Crêpe-Messer herstellen, denn sowohl Buchweizen als auch Schwarzwurzeln haften zuweilen stark an. In der klassischen Pfanne geht es auch, aber es ist deutlich schwieriger.

Wildkräuter-Pfannkuchen

Hoher Kräuteranteil, auch als Arznei verwendbar

250 g Weizen, fein gemahlen
2 Eier
500 ml Wasser
1 Prise Salz
ca. 100 g Wildkräuter

Das Mehl mit den Eiern und dem Wasser zu einem dünnflüssigen Teig verarbeiten. Das Salz unterrühren und den Teig 30 Minuten ruhen lassen. Wildkräuter waschen, fein hacken und unter den Teig heben.

Ergibt etwa acht Pfannkuchen.

Besonderheiten: Die frisch hervorsprießenden Wildkräuter wie Brennnessel, Giersch, Wegerich, Gänseblümchenblätter und Löwenzahn sind im Vorfrühling und im Frühling die ideale Vitaminquelle. Nur die ganz jungen Triebe sammeln! Erkunden Sie vorsichtig selbst, wie viel von den »wilden« Geschmacksträgern Ihnen zusagen und welche Ihre Favoriten sind.

Beilagen: Hierzu passt gut eine Wurzel-Rohkost wie Karotten- oder Rote-Bete-Salat.

Sellerie-Küchle

Selleriescheiben im Teigmantel

150 g Weizen, fein gemahlen
2 Eier
200 ml Wasser
1 Prise Salz
1 mittelgroßer Sellerie (ca. 400 g)
250 ml Gemüsebrühe

Das Mehl mit den Eiern und dem Wasser zu einem flüssigen Teig verarbeiten. Das Salz unterrühren und den Teig 30 Minuten ruhen lassen. Den Sellerie putzen, in fünf Millimeter dicke Scheiben schneiden und diese zehn Minuten in der Gemüsebrühe kochen. Die Selleriescheiben herausnehmen, etwas abkühlen lassen, dann in den Teig tauchen und mit genügend Fett ausbacken.

Teigmenge reicht für etwa zehn Küchle unterschiedlicher Größe.

Besonderheiten: Die Gemüsebrühe nicht wegschütten, sondern als Suppe vor dem Hauptgericht reichen. Diese Art der Zubereitung funktioniert natürlich auch mit anderem Gemüse.

Beilagen: Zu der Wurzel im Teigmantel passt ein Blattsalat besonders gut.

Käse-Pfannkuchen

Geriebener Käse im Teig

150 g Weizen, fein gemahlen
150 g geriebener Hartkäse (Parmesan)
2 Eier
500 ml Wasser
1 Prise Salz

Das Mehl mit dem Hartkäse mischen und mit den Eiern und dem Wasser zu einem flüssigen Teig verarbeiten. Das Salz unterrühren und den Teig 30 Minuten ruhen lassen.

Ergibt etwa acht Pfannkuchen.

Besonderheiten: Erhitzter Käse kann eine gewaltige Klebkraft aufbauen, weswegen man gut darauf achten muss, dass die Käse-Pfannkuchen nicht anhaften. Sie schmecken übrigens auch mit altem Gouda sehr gut.

Beilagen: Mit frischen Zuckererbsen oder einem anderen leichten Gemüse ein echter Leckerbissen.

Käse-Omelett

Größere Käsestücke im Teig eingebacken

250 g Weizen, fein gemahlen
2 Eigelb
400 ml Wasser
1 Prise Salz
2 Eiweiß
125 g Camembert (oder ein anderer Weichkäse)

Das Mehl mit dem Eigelb und dem Wasser zu einem flüssigen Teig verarbeiten. Das Salz unterrühren und den Teig 30 Minuten ruhen lassen. Das Eiweiß sehr steif schlagen und vorsichtig unter den Teig heben. Den Käse in lange, dünne Streifen schneiden.

Den Teig in die heiße, gefettete Pfanne einfüllen, dann sofort die Camembert-Streifen darauflegen, sodass sie im Teig versinken. Das Ganze eventuell noch mit einer kleinen Teigmenge bedecken, um den Käse ganz einzuhüllen.

Ergibt etwa sechs dicke Omeletts.

Beilagen: Zu dieser recht sättigenden Zubereitung empfiehlt sich ein leichter Blattsalat.

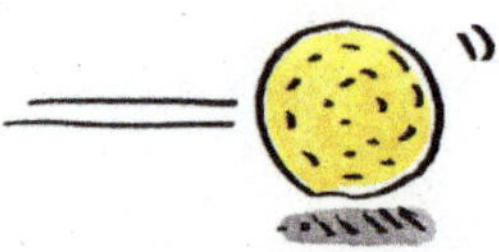

Kürbis-Pfannkuchen

Symphonie in Orange

150 g Weizen, fein gemahlen
2 Eier
200 ml Milch
1 Prise Salz
ca. 400 g Hokkaido-Kürbis
50 g Sonnenblumenkerne

Das Mehl mit den Eiern und der Milch zu einem Teig verarbeiten. Das Salz hinzufügen. Den Kürbis fein raspeln und zusammen mit den Sonnenblumenkernen unter den Teig rühren.

Die Teigmenge reicht für acht Pfannkuchen mit etwas kleinerem Durchmesser.

Besonderheiten: Beim Backen der Kürbis-Pfannkuchen ist darauf zu achten, dass der Teig beim Einfüllen den Pfannenboden nicht ganz bedeckt, sodass man leicht mit dem Küchenfreund unter den Pfannkuchen fahren kann, um ihn zu wenden.

Buchweizen-Küchle mit Avocado-Creme

Für warme Tage

150 g Buchweizen, fein gemahlen
100 g Weizen, fein gemahlen
½ Würfel Hefe
200 ml lauwarme Milch
200 ml Wasser
1 Prise Salz
2 reife Avocados
1 TL Balsamico-Essig
125 g saure Sahne
2 EL Sesampaste (Tahin)
1 Prise Kräutersalz

Buchweizen- und Weizenmehl vermischen. Die Hefe in der Milch auflösen und unter das Mehl mischen. Wasser und Salz hinzufügen, den Teig gut durcharbeiten und eine Stunde an einem warmen Ort gehen lassen. Die Avocados aus der Schale lösen und mit einer Gabel auf einem Teller zerdrücken, bis sie fein gemust sind. Den Essig, die saure Sahne, das Tahin und das Kräutersalz hinzufügen und zu einer Creme verrühren.

Aus Zeitgründen empfiehlt es sich, die Avocado-Creme während des Bratens der Buchweizen-Küchle zuzubereiten, da sich dabei immer kurze Wartepausen ergeben. Die Buchweizen-Küchle heißen so, weil man sie etwas kleiner backt als den Standard-Pfannkuchen.

Ergibt etwa zehn Küchle.

Spinat-Omelett mit Schafskäse

Schaf im Schlafrock

250 g Weizen, fein gemahlen
500 ml Wasser
2 Eigelb
1 Prise Salz
250 g fein geschnittener Spinat
2 Eiweiß
150 g Schafskäse

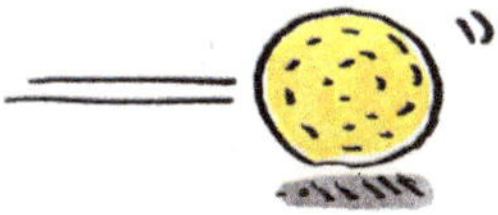

Das Weizenmehl mit dem Wasser, dem Eigelb und dem Salz zu einem flüssigen Teig verarbeiten. Den Spinat unterrühren. Das Eiweiß steif schlagen und unterheben. Den Schafskäse in dünne Scheiben schneiden.

Die Omeletts werden eher dicker angelegt, also mehr Teig in die Pfanne einfüllen, wobei die angegebene Menge für etwa sechs Exemplare ausreichen sollte. Nach dem Einfüllen des Teiges in die vorgeheizte Pfanne sofort ein Sechstel der Schafskäse-Scheiben so in den Teig von oben eindrücken, dass sie ganz von ihm umgeben sind. Beim Backen selbst eher mittlere Hitze wählen, damit der Spinat genügend Zeit hat zu garen und der Schafskäse gut verläuft. Die Omeletts vorsichtig wenden und fertig backen.

Beilagen: Zusammen mit einem Rohkost-Salat ergeben diese Omeletts eine vollständige Mahlzeit.

Dinkel-Grünkern-Pfannkuchen um Spargel

Gut verpackt

Teig:
100 g Dinkel, fein gemahlen
100 g Grünkern, fein gemahlen
2 Eier
200 ml Milch
200 ml Wasser
1 Prise Salz

Füllung:
12 Spargelstangen
1 l Wasser
1 TL Salz
25 g Butter
1 EL Weizen, fein gemahlen
Petersilie, fein gehackt

Die beiden Mehlsorten mischen und mit den Eiern, der Milch und dem Wasser zu einem dünnflüssigen Teig verarbeiten. Das Salz unterrühren und den Teig 30 Minuten ruhen lassen. Den Spargel waschen, schälen und in genügend Salzwasser garen, während die Pfannkuchen backen.
Die Dinkel-Grünkern-Pfannkuchen sollten möglichst dünn ausgebacken und im Backofen warm gestellt werden.

Für die Mehlschwitze die Butter schmelzen, das Mehl einrühren und vorsichtig ein wenig bräunen lassen. 500 ml Spargelwasser portionsweise zugeben. Die Mehlschwitze kräftig mit dem Schneebesen durchrühren, damit es keine Klumpen gibt. Kurz aufkochen lassen und Salz nach Geschmack zufügen.
Auf jeden Pfannkuchen zwei Spargel legen, ein wenig Soße darübergeben, mit etwas fein gehackter Petersilie bestreuen, den Pfannkuchen von beiden Seiten über die Spargel klappen und genüsslich aufessen.

Die Teigmenge reicht für sechs Pfannkuchen.

Hafer-Pfannkuchen mit Brokkoli-Füllung

Buntes Farbenspiel

Teig:
250 g Hafer, mittelfein gemahlen
400 ml Milch
1 Ei
50 g Crème fraîche
1 Prise Salz

Alle Zutaten zu einem dickflüssigen Teig verarbeiten, der eine halbe Stunde ruhen darf. Dann sechs Pfannkuchen daraus backen (1 EL Teig zurückbehalten).

Füllung:
400 g Brokkoli
1 große Zwiebel
1 EL Butter
100 ml Wasser
Salz
1 EL Pfannkuchenteig

Den Brokkoli waschen und in Röschen zerteilen. Die Zwiebel klein schneiden und in der Butter andünsten. Nach einiger Zeit die Brokkoli-Röschen dazugeben, kurz mitbrutzeln lassen und mit dem Wasser fertig köcheln lassen. Etwas Salz nach Geschmack hinzufügen, den restlichen Pfannkuchenteig einrühren und zum Binden kurz aufkochen lassen.
Auf jeden der fertigen Pfannkuchen ein Sechstel der Brokkoli-Zubereitung geben, die Seiten so hochschlagen, dass sich die Ränder gerade berühren. Die Pfannkuchen auf einer feuerfesten Platte im Backofen bei kleiner Hitze sammeln, bis alle fertig sind, dann servieren und genießen.

Die hohe Kunst

Aufwendige Rezepte

Der dritte Teil der Rezeptsammlung widmet sich den Rezepten, die man für besondere Anlässe zubereitet und die entsprechend mehr Zeit und Sorgfalt erfordern.

Pfannkuchen-Hochhaus 1

Pfannkuchenturm im italienischen Stil

125 g Weizen, fein gemahlen
125 g Grünkern, fein gemahlen
1 Ei
500 ml Wasser
1 Prise Salz
1 Aubergine
1 EL Olivenöl
1 große Zwiebel
125 g Tomatenmark
125 ml Wasser
Salz und Pfeffer
einige halbierte Oliven
50 g Weichkäse

Die beiden Mehlsorten mit dem Ei und dem Wasser zu einem dünnflüssigen Teig verarbeiten. Das Salz unterrühren. Den Teig 30 Minuten ruhen lassen und acht Pfannkuchen daraus backen. Die Aubergine waschen, in dünne Scheiben schneiden und in dem Olivenöl bei milder Hitze sieben bis acht Minuten garen. Die Zwiebel schneiden, kurz anbraten und mit dem Tomatenmark und dem Wasser zu einer dicken Tomatensoße verarbeiten. Mit Salz und Pfeffer nach Geschmack würzen.

Auf einer feuerfesten Platte das Hochhaus errichten: Schichtweise abwechselnd türmt man Pfannkuchen / Auberginen / Pfannkuchen / Tomatensoße so übereinander, dass die oberste Schicht aus Tomatensoße besteht. Diese mit einigen halbierten Oliven und einigen Käsestücken dekorieren und im Backofen bei 180 °C kurz überbacken. Das Kunstwerk wird zum Verzehr natürlich nicht wieder in die einzelnen Pfannkuchen zerlegt, sondern wie eine Torte aufgeschnitten, verteilt und mit Salat serviert.

Pfannkuchen-Hochhaus 2

Pfannkuchenturm mit Schafskäse und Spinat

250 g Weizen, fein gemahlen
2 Eier
600 ml Wasser
1 Prise Salz
500 g Spinat
1 große Zwiebel
etwas Butter
200 g Schafskäse

Das Mehl mit den Eiern und dem Wasser zu einem dünnflüssigen Teig verarbeiten. Das Salz unterrühren, den Teig 30 Minuten ruhen lassen und acht Pfannkuchen daraus backen.

Den Spinat waschen und zerzupfen. Die Zwiebel schneiden, kurz in wenig Butter anbraten und mit dem Spinat auffüllen. Das Ganze so lange dünsten, bis der Spinat gerade zusammenfällt. Mit Salz nach Geschmack würzen. Den Schafskäse in dünne Scheiben schneiden.

Auf einer feuerfesten Platte wird nun das Hochhaus errichtet: Schichtweise abwechselnd Spinat / Pfannkuchen / Schafskäse / Pfannkuchen wie bei Hochhaus 1 übereinandertürmen. Den Abschluss bildet eine Schicht Schafskäse. Das Ganze im Backofen bei 180 °C kurz überbacken.

Besonderheiten: Das Hochhaus beim Verteilen wie eine Torte behandeln.

Beilagen: Zur Ergänzung Salate nach Belieben reichen.

Roquefort-Taschen

Gefüllt mit frischen Bohnen und Salbei

Pfannkuchen:

125 g Weizen, fein gemahlen
125 g Dinkel, fein gemahlen
350 ml Wasser
1 Ei
1 EL Crème fraîche
1 Prise Salz

Roquefort-Soße:

50 g Roquefort oder anderer Blauschimmelkäse
1 EL Butter
1 Knoblauchzehe
2 EL Weizen, fein gemahlen
200 ml Milch
3 – 5 Blätter frischer Salbei
Salz

Füllung:

1 Zwiebel
1 EL Butter
400 g frische grüne Bohnen
100 ml Wasser
Salz

Zum Überbacken:

1 Tomate
100 g Mozzarella

Die Pfannkuchenzutaten zu einem dickflüssigen Teig verarbeiten. Für die Soße den Käse in der Butter bei milder Hitze schmelzen, den Knoblauch fein schneiden und dazugeben. Die Soße mit dem Weizenmehl anschwitzen lassen, mit der Milch kurz aufkochen und glatt rühren. Die Salbeiblätter klein hacken, einrühren.

Die Soße nach Geschmack salzen und in eine feuerfeste Form geben, sodass der Boden etwa einen Zentimeter dick bedeckt ist.

Für die Füllung die Zwiebel fein schneiden und in der Butter andünsten. Die Bohnen waschen, entfädeln, schneiden und zu den Zwiebeln geben. Dann das Wasser dazugeben, nach Geschmack salzen und etwa 15 Minuten auf kleiner Flamme fertig garen. Die Tomate und den Mozzarella in Scheiben schneiden.

Aus dem Teig backt man vier recht dicke Pfannkuchen, in deren Mitte man nach dem Backen eine Schöpfkelle von der Gemüsezubereitung setzt. Nun klappt man aus vier Richtungen den Pfannkuchen so über das Gemüse, dass eine viereckige Tasche entsteht. Diese Taschen werden in die feuerfeste Form mit der Roquefort-Soße gelegt und jeweils mit einem Stück Mozzarella und Tomate gekrönt. Nach etwa 15 Minuten im Backofen bei 180° C sind die Roquefort-Taschen fertig.

Pilz-Rollen

Nicht aus der Rolle fallen!

Pfannkuchen:
125 g Weizen, fein gemahlen
125 g Grünkern, fein gemahlen
450 ml Wasser
2 Eier
1 Prise Salz

Pilz-Zubereitung:
1 Zwiebel
1 EL Butter
250 g Champignons
125 ml Wasser
Salz
50 ml Schlagsahne

Zum Überbacken:
1 rote Paprika
125 g alter Gouda

Für den Pfannkuchenteig alle Zutaten zu einem flüssigen Teig verarbeiten.

Für die Pilz-Zubereitung die Zwiebel klein schneiden und in der Butter bei milder Hitze andünsten. Die Champignons in Scheiben schneiden und dazugeben und etwa drei Minuten weiterdünsten. Dann mit dem Wasser ablöschen und in etwa zehn Minuten fertig garen lassen. Nach Geschmack salzen und mit der Sahne verfeinern.

Die Paprika in dünne Streifen und den alten Gouda in Scheiben schneiden.

Aus dem Teig backt man sechs bis acht Pfannkuchen, die nach dem Backen mit der Pilz-Zubereitung belegt und zusammengerollt in eine feuerfeste Form gesetzt werden. Die Paprikastreifen auf die Rollen legen und mit dem Gouda bedecken. Wenn von dem Pilzgemüse noch etwas übrig ist, wird es um die Pfannkuchen herum in der Form verteilt. Den Backofen gut vorheizen (200 °C) und die Form fünf bis sieben Minuten hineinstellen, bis der Käse appetitlich zu duften beginnt.

Mangold-Schnecken mit Sonnenblumenkernen

Ein Fest für Augen und Gaumen

Teig:
200 g Weizen, fein gemahlen
400 ml Wasser
2 Eier
1 Prise Salz

Mangold-Zubereitung:
100 g Sonnenblumenkerne
1 EL Butter
400 g Mangold, fein gehackt
1 EL Grünkern, fein gemahlen

Für den Pfannkuchenteig alle Zutaten zu einem flüssigen Teig verarbeiten.

Für die Mangold-Zubereitung die Sonnenblumenkerne in der Butter bei milder Hitze anbräunen, den Mangold dazugeben und etwa 15 Minuten garen lassen. Wenn nötig, ein wenig Wasser zufügen. Das Grünkernmehl klumpenfrei einrühren und noch einmal aufkochen lassen, um die Flüssigkeit zu binden.

Aus dem Teig vier etwas dickere Pfannkuchen backen, die jeweils mit einem Viertel der Mangold-Zubereitung bedeckt und zusammengerollt werden. Die Rollen mit einem scharfen Messer vorsichtig in etwa sieben Zentimeter lange Stücke teilen und diese aufrecht dicht nebeneinander in eine Auflaufform passender Größe stellen. Bei etwa 200 °C noch etwa zehn Minuten im Backofen knusprig werden lassen und dann z. B. mit einer Möhren-Apfel-Rohkost servieren.

Pikante Nuss-Ecken

Nüsse und Blumenkohl

Pfannkuchen:
125 g Weizen, fein gemahlen
100 g Haselnüsse, fein geraspelt
350 ml Wasser
1 Ei
1 Prise Salz

Für die Füllung:
400 g Blumenkohl
250 ml Wasser
Salz
1 EL Butter
10 g Weizen, fein gemahlen
125 g alter Gouda, gerieben
100 ml Milch

Das Weizenmehl mit den Haselnüssen, Wasser, Ei und Salz zu einem dickflüssigen Teig verarbeiten und diesen 30 Minuten ruhen lassen. Dann vier dicke Pfannkuchen daraus backen.
Den Blumenkohl waschen, in Röschen zerteilen, etwa zehn Minuten in dem Wasser garen und Salz nach Geschmack hinzufügen. Die Butter bei mittlerer Hitze leicht anbräunen, das Weizenmehl einrühren und das Ganze mit dem Blumenkohlwasser zu einer Mehlschwitze verarbeiten. Die Soße vom Herd nehmen und mit dem Käse und der Milch mischen.

Die Pfannkuchen zu Vierteln falten, mit den Blumenkohl-Röschen füllen und in eine feuerfeste Form geben. Die Käse-Soße über und um die Nussecken verteilen und bei 200 °C im Backofen in etwa 15 Minuten fertig backen.

Topfen-Palatschinken pikant

Deftiges aus dem Backofen

Palatschinken:
200 g Quark, 20 % Fettgehalt
250 ml Milch
200 g Weizen, fein gemahlen
1 Ei
1 Prise Salz

Füllung:
200 g Quark, 20 % Fettgehalt
ein wenig Schlagsahne
2 Eier
1 Bund Liebstöckel
1 Bund Schnittlauch
4 – 5 frische Salbeiblätter
1 Prise Salz
etwas Butter

Für die Palatschinken den Quark mit der Milch glatt rühren und das Weizenmehl klumpenfrei einarbeiten. Das Ei dazugeben, mit dem Salz zu einem Teig verarbeiten und sechs Palatschinken daraus backen.

Für die Füllung den Quark mit der Sahne cremig rühren und die Eier unterrühren. Die Kräuter klein hacken, in die Quarkmasse geben und mit Salz abschmecken.

Die Füllung auf die Palatschinken verteilen, diese einrollen und in eine vorgefettete feuerfeste Form geben. Mit Butterflöckchen belegen und bei 180 – 200 °C 10 – 15 Minuten lang im Backofen backen.

Achtung: Dieses Rezept enthält mit drei Eiern und 400 g Quark eine für dieses Kochbuch ungewöhnlich hohe Menge an tierischem Eiweiß. Wer darauf empfindlich reagiert, sollte diese Version variieren und den Teig ohne Quark zubereiten (dann braucht man natürlich ein wenig mehr Milch) und bei der Füllung auf ein Ei verzichten.

Pfannkuchen-Salat

Leichte Hauptmahlzeit

Teig:
70 g Weizen, fein gemahlen
150 ml Wasser
1 Ei
30 g geriebener Parmesan
1 Prise Salz

Salat:
2 EL saure Sahne
2 EL Sonnenblumenöl
1 TL Balsamico-Essig
1 EL Nährhefe-Flocken
etwas Salz
1 Bund frischer Dill, fein gehackt
2 mittelgroße Möhren
1 kleiner Chinakohl
1 grüne Paprika

Für den Pfannkuchenteig alle Zutaten zu einem flüssigen Teig verarbeiten, drei bis vier stabile Pfannkuchen daraus backen und diese in schmale Streifen schneiden.
Für den Salat in einer genügend großen Schüssel die saure Sahne mit dem Öl und dem Essig glatt rühren. Die Hefeflocken, das Salz und den Dill unterrühren. Die Möhren dazuraspeln, den Chinakohl und die Paprika fein schneiden und hinzufügen. Die Rohkost gut durchmischen. Die Pfannkuchenstreifen als Letztes in den Salat geben, damit sie nicht so stark aufweichen.

Verbunden mit einer Suppe und einem passenden Dessert, eignet sich dieses Gericht als Hauptmahlzeit eines leichten Sommer-Menüs.

Exkurs

Die Welt ist rund – Pfannkuchen in aller Welt

Was macht der Pfannkuchenfreund, wenn er auf Reisen geht? Wochenlanger Verzicht? Notration im Handgepäck? Nicht nötig. Denn Genuss und wahre Kochkunst sind international. Es wäre ein Wunder, wenn die Erfindung des Pfannkuchens nur in einer Ecke der Welt stattgefunden hätte. Aber genauso verwunderlich wäre es, wenn sie überall aus den exakt gleichen Zutaten und mit den identischen Methoden gefertigt würden. Wohl dem, der in fremden Landen die Speisekarten richtig deuten kann.

Aus Europas Küche

Österreich: Palatschinke und Kaiserschmarrn

Die hauchdünnen Palatschinken (Singular: Palatschinke, hat übrigens nichts mit »Schinken« zu tun, sondern ist vom ungarischen *palacsinta* abgeleitet) werden mit pikanter Füllung gerne als Vorspeise serviert. Süß gefüllt, eignen sie sich als üppiger Nachtisch nach einem leichten Mittagessen. Quark (Topfen) gibt der süßen Füllung der *Topfenpalatschinken* die richtige Konsistenz. Ziemlich mächtig ist auch der Kaiserschmarrn. Er wird erst in der Pfanne gebacken und danach mit zwei Gabeln in unregelmäßige Stücke zerteilt. Im Teig stecken reichlich Zucker, Eier und Rosinen.

Niederlande: Pannenkoeken

Dünn und eher weich als knusprig kommen die Pfannkuchen auf den Teller. Beliebtes Topping ist *Appelstroop* (Apfelsirup), es gibt ihn aber auch in vielen Variationen, beispielsweise mit Apfel- oder Käsebelag.

England: Pancake

Allen Vorurteilen zum Trotz: Die englische Küche bringt durchaus Wohlschmeckendes zustande. Pfannkuchen werden pur und süß oder pikant gefüllt serviert. Nicht zu verachten: *apple filled pancakes,* gefüllte Pfannkuchen mit gedünsteten Äpfeln und feinem Zimtaroma.

Frankreich: Crêpes und Galettes

Für diese hauchdünnen Pfannkuchen aus Weizen- oder Buchweizenmehl wurde eigens eine randlose Pfanne entwickelt und dazu noch das Crêpe-Messer, mit dem die Wende- und Anhaft-Problematik souverän gelöst werden kann. *Crêpes* gibt es in süßen und herzhaften Variationen, flambiert und gefüllt. Wer es noch pikanter mag, sollte *Galettes* probieren. Hier kommt Salz statt Zucker in den Teig.

Italien: Crespelle

Auch im Land der Pizza und Pasta werden Pfannkuchen geschätzt. In den Teig kommen relativ viele Eier, die Küchlein werden dünn ausgebacken, gefüllt und aufgerollt. Mit Spinat gefüllt *(magre di spinaci)* sind sie besonders zu empfehlen. Ebenfalls des Probierens wert, aber kein Pfannkuchen im klassischen Sinn, ist die *frittata,* eine Art Gemüse-Rührei.

Spanien: Tortilla

In Spanien denkt man bei Pfannkuchen eher an *tortilla* als an *panqueques.* Die *tortilla espanola* wird mit vielen Eiern und Kartoffeln oder anderen Gemüseeinlagen zubereitet. Sie ähnelt eher einem dicken Omelett und ist kalt oder warm nahezu überall zu bekommen. Fündig werden Reisende in jedem Fall in einer Tapas-Bar, dort gibt es auch noch andere Köstlichkeiten zu entdecken.

Portugal: Crepes

In Portugal sind echte Pfannkuchen eher rar, *omeleta* (Omelette) oder *ovos mexidos* (Rühreier) sind dagegen beliebte Gerichte. Wer süße Nachspeisen schätzt, kann beispielsweise *crepes confiture,* dünne Eierpfannkuchen mit Marmeladenfüllung, oder *omeleta com rum,* flambierte Pfannkuchen, wählen.

Kanarische Inseln: Tortas de Calabaza

Goldgelb kommen die kleinen, süßen Küchlein von der Pfanne auf den Teller. Für Farbe und richtige Konsistenz sorgt gekochter Kürbis.

Dänemark: Pandekage

Feinschmecker brauchen hier Geduld. Denn die Dänen essen erst in den Abendstunden warm; mittags schätzen sie ihr *smørrebrød* (belegte Butterbrote).

Schweden: Pannkaka
Wer Fruchtig-Süßes schätzt, kommt hier auf seine Kosten. Die Pfannkuchen werden dünn ausgebacken und aufgerollt serviert. Dazu gibt es Sirup oder Beeren(konfitüre).

Norwegen: Pannekake
Etwas besonderes sind *lefsa,* pfannkuchenähnliche Fladen, die aus Sauermilch, Zucker, Sirup und Mehl zubereitet und mit Kardamom gewürzt werden.

Russland: Blini
Die kleinen Küchlein werden aus Buchweizenmehl zubereitet. Hefe und eventuell auch Weizenmehl sorgen für einen lockeren Teig. *Blini* schmecken auch ohne Kaviar.

Das hat Nord- und Südamerika auf der Pfanne

Nordamerika: Pancake
Was will der Genießer mehr: Pfannkuchen werden hier schon zum Frühstück gereicht. »American style« aufeinandergestapelt und mit Ahornsirup beträufelt oder in einer Heidelbeer-Soße mit Margarine-Topping, machen sie bis abends satt. Backpulver sorgt dafür, dass der Teig gut aufgeht und die Pfannkuchen schön dick werden.

Mexiko: Tortilla
Hier schätzt man dünne Fladen aus Maismehl, die sich wunderbar füllen lassen *(quesadillas)* und zusätzlich noch mit Käse überbacken und mit einer Tomaten-Soße in den Ofen geschoben werden können *(enchiladas).* Auch *tacos* sind nichts anderes als gefüllte Pfannkuchen. Vor allem im Norden Mexikos gibt es sie in vielerlei Variationen, gerne mit etwas schärferen Beilagen.

Chile und Peru: Panquequa

Die pikant oder süß zubereiteten Pfannkuchen ähneln in der Rezeptur den italienischen *Crespelle.* In den Teig kommen gerne viele Eier, statt Weizen- kann auch Quinoamehl verwendet werden.

Brasilien: Panqueca

Neben den normalen Pfannkuchen kennt man auch hier die üppige Variante: Gefüllt und aufgerollt, kommt sie mit Tomaten-Soße und Käsebelag in den Backofen. Für den großen Hunger gibt es dann noch Reis und Salat dazu.

In Asien und Afrika zu Gast

Marokko und Algerien: Beghrir

Die kleinen Pfannkuchen aus Mehl, Wasser und Hirse werden mit zerlassener Butter und Honig gereicht. Das richtige Essen für Süßschnäbel!

Arabische Länder: Sokka

Flache, runde Brote sind in den arabischen Ländern fester Bestandteil jeder Mahlzeit, Pfannkuchen sind dagegen eine echte Rarität. Eine lobenswerte Ausnahme sind *Sokka,* Pfannkuchen aus Kichererbsen-Mehl.

Äthiopien: Injera

Sauerteig sorgt hier im Teig für die nötige Lockerung. Die Fladen werden wie Brot zu Gemüsegerichten gereicht.

Indien: Chapati

Wer »klassische« Pfannkuchen sucht, wird enttäuscht sein. Dagegen gibt es aber verschiedene Arten von delikaten Fladen, die viel besser zu den indischen Gerichten passen. *Chapati* werden aus Mais- oder Weizenmehl zubereitet. In den Teig von *Papads* kommt das Mehl von getrockneten Hülsenfrüchten; sie sind so rösch wie Cracker. Besonders köstlich sind Parathas. Dazu wird Vollkornmehl, Wasser und Butterschmalz *(Ghee)* zu einer Art Blätterteig verarbeitet und mit den verschiedensten Füllungen versehen.

Japan: Okonomiyaki お好み焼き

Japanreisende werden eine Mischung aus Pfannkuchen und Pizza erhalten. In den Teig kommt neben Mehl, Wasser und Ei fein geschnittener Kohl. Ein Streugewürz aus Blaualgen sorgt für den typischen Geschmack. Beim Belag sind der Fantasie keine Grenzen gesetzt. *Okonomi* heißt übersetzt »was immer Sie wollen«. In einigen Restaurants hat man auch die Möglichkeit, seine *Okonomiyaki* direkt am Tisch zusammenzustellen und zu backen.

Malaysia: Roti jala
Kokosmilch gibt den dünnen Küchlein ein besonderes Aroma. Sie werden heiß mit verschiedenen Soßen serviert. Wer süße Pfannkuchen als Nachspeise schätzt, kann sich auf die Suche nach *Lempeng Pisang* machen. Bei diesen Eierpfannkuchen kommen zerdrückte Bananen in den Teig.

Sicherlich ist diese kleine Weltumrundung in Sachen Pfannkuchen längst nicht vollständig geworden, sodass es noch vieles zu entdecken gibt. Auch die Grenzbereiche der frittierten Teiglinge und Pfannen-Bratlinge wurden ausgespart, um nicht zu ausufernd ins Schwärmen zu geraten. Einige der besten Rezepte dieser »entfernten Verwandtschaft« konnte ich mir dann doch nicht verkneifen, sie sind in der Abteilung »Ähnlich, aber anders« (ab Seite 122) wiederzufinden.

Pfannkuchenweltreise

Internationale Rezepte

Im vierten Teil der Rezeptsammlung zeigt sich deutlich die Internationalität des Pfannkuchens.

Österreich: Topfen-Palatschinken

Quark-Pfannkuchen

125 g Quark
125 ml Milch
125 ml Wasser
150 g Weizen, fein gemahlen
1 Ei

Den Quark mit der Milch und dem Wasser glatt rühren und mit dem Weizenmehl und dem Ei zu einem flüssigen Teig verarbeiten.

Ergibt etwa sechs Palatschinken.

Beilagen: Palatschinken eignen sich hervorragend als Nachtisch zusammen mit Fruchteis oder einem Beerenkompott.

Frankreich: Pikante Crêpes

Dünne Buchweizen-Pfannkuchen

200 g Buchweizen, fein gemahlen
350 ml Wasser
1 Ei
1 Prise Salz

Das Mehl mit dem Wasser und dem Ei zu einem flüssigen Teig verarbeiten. Das Salz hinzufügen und den Teig abschmecken. Den Teig eineinhalb bis zwei Stunden ruhen lassen und dann noch einmal durcharbeiten.

Ergibt etwa zehn Crêpes.

Besonderheiten: In der Pfanne sehr dünn ausstreichen. Am besten eignet sich eine Pfanne mit niedrigem Rand, da sonst eine erhöhte Anhaftgefahr besteht.

Beilagen:
Der leicht nussige Geschmack passt gut zu einem Rosenkohlgemüse.

Frankreich: Crêpes Suzette (süß)

Süß, mit Orangenzubereitung

150 g Weizen, fein gemahlen
250 ml Milch
125 ml süße Sahne
1 Ei
abgeriebene Schale einer Orange
4 Orangen
Honig
40 g Butter
Schlagsahne zum Garnieren

Das Mehl mit der Milch, der Sahne und dem Ei zu einem flüssigen Teig verarbeiten. Die Orangenschale einrühren und den Teig 30 Minuten ruhen lassen.

Die Orangen auspressen, den Saft bei milder Hitze kurz einköcheln lassen, bei Bedarf mit etwas Honig nachsüßen und zum Binden die Butter unterrühren. Die etwa sechs dünnen Crêpes vor dem Servieren in den Orangen-Fond tauchen und mit etwas Schlagsahne garnieren.

Frankreich: Galettes Gorgonzola

Mit Buchweizen, dünn und fein

125 g Buchweizen, fein gemahlen
125 g Dinkel, fein gemahlen
500 ml Wasser
1 Ei
1 Prise Salz

Für die Füllung:
75 g Gorgonzola
125 g saure Sahne

Das Buchweizen- mit dem Dinkelmehl mischen und mit dem Wasser, dem Ei und dem Salz zu einem dünnflüssigen Teig verarbeiten.

Den Käse in der sauren Sahne mit einer Gabel zerdrücken und zu einer cremige Masse weiterverarbeiten. Die im Backofen warm gehaltenen Galettes vor dem Servieren dünn mit der Gorgonzola-Creme bestreichen und zu einem Blattsalat am Abend eines warmen Sommertages lustvoll verspeisen.

Besonderheiten: Wegen der Kombination aus Buchweizen und Dinkel verläuft der Teig beim Backen sehr dünn in der Pfanne, und trotzdem entstehen sehr stabile Pfannkuchen. Die Teigmenge reicht für etwa acht bis zehn Galettes. Man sollte darauf achten, dass bei Galettes zwischen »recht blass« und »schon verbrannt« nur wenig Spielraum besteht, besonders wenn man sparsam mit dem Bratfett umgeht. Also heißt es: Aufpassen!

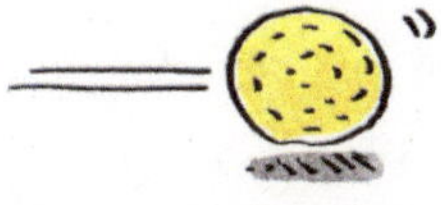

Russland: Blini

Kleine Pfannkuchen mit Buchweizen & Hefe

150 g Weizen, fein gemahlen
150 g Buchweizen, fein gemahlen
½ Würfel Hefe (oder 1 Päckchen Trockenhefe)
¼ l lauwarme Milch
¼ l Milch
1 Ei
1 Prise Salz

Die beiden Mehlsorten mischen. Die Hefe in der lauwarmen Milch auflösen. In der Mitte der Mehlmischung eine kleine Kuhle machen, die aufgelöste Hefe einfüllen und vorsichtig einen Teig bereiten. Diesen mit der Milch, dem Ei und dem Salz glatt rühren. Den Teig danach eine Stunde an einem warmen Ort gehen lassen.

Ergibt etwa 16 Blini, die etwas kleiner als Pfannkuchen sind.

Beilagen: Die original russische Beilage wäre natürlich der Borschtsch, ein dicker Rote-Bete-Eintopf.

Italien: Crespelle mit jungen Erbsen
Mediterranes Geschmackserlebnis

Für den Teig:
125 g Weizen, fein gemahlen
125 ml Wasser
125 ml Milch
2 Eier
1 Prise Salz

Für das Gemüse:
1 mittelgroße Zwiebel
1 EL Butter
400 g frische Zuckererbsen in der Schale
150 ml Wasser
1 Bund frischer Dill
Salz
50 ml süße Sahne

Alle Teigzutaten zu einem dünnflüssigen Teig verarbeiten und zu dünnen Pfannkuchen ausbacken.

Die Zwiebel fein schneiden und in der Butter glasig dünsten. Die Erbsenschoten dazugeben und kurz mitdünsten und dann mit Wasser ablöschen. Auf kleiner Flamme etwa 10 Minuten bissfest garen, den fein gehackten Dill und Salz hinzufügen. Mit der Sahne verfeinern und alles noch einmal kurz aufkochen lassen. Beim Servieren das Gemüse auf den Pfannkuchen verteilen.

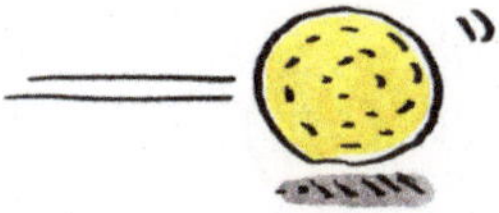

Mexiko: Tacos 1

Kleine Pfannkuchen mit Mais-Anteil

125 g Weizen, fein gemahlen
125 g Mais, fein gemahlen
500 ml Wasser
1 Ei
1 Prise Salz

Die beiden Mehlsorten mischen. Das Wasser, das Ei und das Salz dazugeben und alles zu einem flüssigen Teig verarbeiten, diesen 30 Minuten ruhen lassen.

Da Tacos etwas kleiner sind als Pfannkuchen, ergibt dieses Rezept etwa 16 Stück.

Beilagen: Bohnengemüse, am besten mit Chili geschärft.

Mexiko: Tacos 2

Kompakt und stabil

150 g Mais, fein gemahlen
50 g Dinkel, fein gemahlen
250 ml Wasser
1 Ei
1 Prise Salz

Die beiden Mehlsorten mischen. Das Wasser, das Ei und das Salz dazugeben und alles zu einem dickflüssigen Teig verarbeiten, diesen 30 Minuten ruhen lassen.

In eine normal große Pfanne ins heiße Fett vier kleine Teighäufchen setzen (etwa einen Esslöffel voll), diese mit dem Küchenfreund glatt streichen und rechtzeitig wenden. So entstehen gleichzeitig vier Tacos, die man als Beilage zu einer Kürbissuppe servieren kann.

Eritrea: Weizen Injera

Sauerteig-Pfannkuchen

500 ml Wasser
250 g Weizen, fein gemahlen
1 Prise Salz

Das Wasser mit dem Mehl zu einem flüssigen Teig verarbeiten und unbedeckt zwei Tage stehen lassen, bis der Teig gegoren ist. Wasser, das an die Oberfläche gestiegen ist, abgießen. Dann von dem Teig eine halbe Tasse voll abnehmen, mit etwas Wasser verdünnen und unter ständigem Rühren bei mittlerer Hitze aufkochen, bis die Mischung eindickt. Nach dem Abkühlen wieder zurück in den Teig geben und mit etwas kaltem Wasser gut durchrühren. Die Schüssel abdecken, den Teig eine Stunde aufgehen lassen und mit Salz abschmecken. Jetzt können die Injera gebacken werden.

Ergibt etwa zehn Injera.

Besonderheiten: Die Backtemperatur eher niedriger wählen.

Beilagen: Injera werden in Äthiopien und Eritrea wie Brot zu allen möglichen Gemüsezubereitungen gereicht.

Indien: Chapatis

Ohne Ei und ohne Fett gebacken

250 g Weizen, fein gemahlen
150 ml Wasser
1 Prise Salz
etwas Weizenmehl

Das Weizenmehl mit dem Wasser und dem Salz zu einem weichen Teig verarbeiten und eine Stunde ruhen lassen.

Den Teig in zwölf Teile teilen, diese in etwas Mehl wenden und zu runden Fladen von etwa zwölf Zentimeter Durchmesser ausrollen. Am besten rollt man bereits den nächsten Fladen aus, während einer bäckt.

Besonderheiten: Da Chapatis ohne Fett bei mittlerer Hitze gebacken werden, sollte man genau darauf achten, dass sie nicht anbrennen, aber auch durch und durch gar sind, d.h. keine feuchten Stellen mehr haben. Wer will, kann die fertig gebackenen Chapatis noch über eine offene Gasflamme halten, bis sie sich wie ein Ballon aufblähen.
(Genauere Informationen und Rezept-Variationen siehe: Petra Müller-Jani und Joachim Skibbe: Ayurveda – Die Kunst des Kochens, pala-verlag, Seite 170 ff.)

Beilagen: Exotische Gemüsezubereitungen.

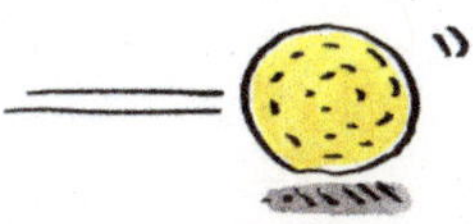

Indien: Parathas

Blätterteig-Pfannkuchen

200 g Weizen, fein gemahlen
100 g Hartweizen, fein gemahlen
150 ml Wasser
8 EL zerlassene Butter (Ghee)
1 Prise Salz

Das Mehl mit Wasser, 2 EL Ghee und Salz zu einem weichen, glatten Teig verarbeiten. Den Teig zur Kugel formen, mit 2 EL Ghee einpinseln und etwa 15 Minuten ruhen lassen.

Den Teig in zwölf Stücke teilen und diese auf einer bemehlten Unterlage zu runden Fladen von etwa 15 Zentimeter Durchmesser ausrollen. Für den Blätterteig-Effekt werden die Fladen jetzt dünn mit Ghee eingepinselt, zusammengeklappt und noch einmal kurz mit dem Nudelholz überrollt. Diesen Vorgang ein weiteres Mal wiederholen, nach Lust und Laune durchaus auch öfter. Die Pfanne auf mittlere Hitze bringen, ein wenig Ghee hineingeben und die Fladen kurz auf der einen Seite anbraten. Vor dem Wenden die Oberseite mit Ghee einpinseln. Fertig sind die Parathas, wenn sie rundum schön braun sind. Sie werden am besten warm zu allen exotischen Gemüsezubereitungen genossen.

Iran: Pfefferminz-Omelett

Herrlich arabisch

250 g Weizen, fein gemahlen
125 ml Milch
250 ml Joghurt
3 Eier
2 EL frische Pfefferminze, fein gehackt
1 Prise Salz

Alle Zutaten zu einem dünnflüssigen Teig verarbeiten.

Besonderheiten: Der relativ hohe Ei-Anteil macht das Backen herrlich einfach und schnell, allerdings sollte man gut darauf achten, dass nichts anbrennt.

Beilagen: Dazu passt ein Mischgemüse aus Karotten und Sellerie sehr gut, das mit Curry orientalisch gewürzt wird.

Algerien: Beghrir

Süße Hefepfannkuchen

300 g Weizen, fein gemahlen
1 EL Trockenhefe
1 EL Honig
250 ml lauwarmes Wasser

Das Weizenmehl mit der Hefe mischen. Den Honig in dem warmen Wasser auflösen und mit dem Mehlgemisch zu einem Teig verarbeiten. Diesen gut durchschlagen, sodass er die Konsistenz von dicker Sahne annimmt. Den Teig etwa eine Stunde ruhen lassen.

Teigmenge reicht für etwa acht Beghrir.

Beilagen: In Algerien wird dieser Pfannkuchen noch mit aromatisiertem Honig oder anderen süßen Belägen verzehrt. Mir schmeckt dazu eine etwas säuerliche Marmelade (Johannisbeere) besonders gut.

Japan: Okonomiyaki

Gemüse-Pfannkuchen-Pizza

250 g Weizen, fein gemahlen
250 ml Wasser
1 Ei
1 Prise Salz
250 g Weißkohl

Das Weizenmehl mit dem Wasser, dem Ei und dem Salz zu einem flüssigen Teig verarbeiten. Von dem Weißkohl die harten Blattrippen entfernen und den Rest sehr fein schneiden und in den Teig geben.

In den japanischen Okonomiyaki-Restaurants kann man sich die Beilagen selbst zusammenstellen und den Pfannkuchen auch selbst am Tisch braten.

Der Bratvorgang selbst unterscheidet sich vom hiesigen Pfannkuchen durch die niedrigeren Temperaturen und eine entsprechend längere Backzeit. Die Pfanne also mäßig heiß werden lassen und den Teig mit einem Löffel so darin verteilen, dass er nicht zu dünn wird (etwa knapp ein Zentimeter) und nicht ganz bis an den Pfannenrand heranreicht, damit er sich leichter wenden lässt. Während die erste Seite bäckt, kann man in den noch weichen Teig auf der Oberseite weitere Beilagen versenken, z. B. fein geschnittene Pilze. Den typisch japanischen Geschmack macht dann zum Schluss das Streugewürz aus blauer Alge, das im Naturkosthandel erhältlich ist. Die Okonomiyaki passen gut zu einer Miso-Suppe.

Schwaben: Flädle-Suppe

Alt-Pfannkuchen-Recycling in der Suppe

2 – 3 gestrige Pfannkuchen
750 ml Gemüsebrühe
frische Suppenkräuter zum Garnieren

Die Pfannkuchen klein schneiden und in die Gemüsebrühe geben. Das Ganze kurz ziehen lassen, mit Suppenkräutern bestreuen und servieren.

Je nach Austrocknungsgrad der Pfannkuchen muss die Suppe unterschiedlich lange ziehen. Bei zu kurzer »Zieh-Zeit« bleiben die Pfannkuchen hart; ziehen sie zu lange, werden sie breiig.

Besonderheiten: Bei Kindern (auch bei nichtschwäbischen) sehr beliebt.

Something Sweet

Pfannkuchen als Nachtisch

Zum Abschluss folgen hier noch ein paar Anregungen, wie man sich mit dem Pfannkuchen auch den süßen Seiten des Lebens annähern kann. Die Rezepturen gehen hier von kleineren Mengen aus, die sich als Nachtisch eignen. Wer eine süße Hauptmahlzeit bereiten möchte, muss die Gewichts- und Mengenangaben entsprechend hochrechnen.

Nuss-Pfannkuchen

Haselnuss-Genuss

150 g Weizen, fein gemahlen
100 g gemahlene Haselnüsse
2 Eier
200 ml Wasser
100 ml Milch
1 EL Honig

Das Mehl mit den Haselnüssen, den Eiern und dem Wasser zu einem Teig verarbeiten. Die Milch erwärmen, den Honig darin auflösen und die Flüssigkeit unter den Teig rühren.

Besonderheiten: Die Nüsse und die Milch lassen die Pfannkuchen beim Backen schnell dunkel werden, also Obacht! Die Nuss-Pfannkuchen schmecken köstlich zusammen mit einem Kirschenkompott.

Schoko-Pfannkuchen

Mit und ohne Banane köstlich

125 g Weizen, fein gemahlen
1 EL Kakaopulver
1 EL Honig
125 ml Milch
1 Ei

Das Weizenmehl mit dem Kakao gut mischen. Den Honig hineingeben, mit der Milch glatt rühren und mit dem Ei zu einem flüssigen Teig verarbeiten.

Besonderheiten: Da dieses Rezept als Nachtisch gedacht ist, reicht die Teigmenge gerade für vier Pfannkuchen. Wie alle mit Milch und Honig zubereiteten Pfannkuchen sollte man auch diese bei möglichst geringer Hitzezufuhr ein wenig länger braten, um unangenehme Schwärzungen zu vermeiden. Die Schoko-Pfannkuchen kann man z. B. um eine geschälte Banane wickeln und noch mit einem Tupfer Nuss-Nougat-Creme garnieren.

Heidelbeer-Omelette

Idee für die Beerenzeit

250 g Weizen, fein gemahlen
200 ml Wasser
2 Eigelb
250 g Heidelbeeren
2 Eiweiß

Das Weizenmehl mit dem Wasser und dem Eigelb zu einem zähflüssigen Teig verarbeiten. Die Heidelbeeren hineingeben. Das Eiweiß sehr steif schlagen und vorsichtig unterheben.

Besonderheiten: Beim Backen der Beeren-Omeletts wird der Teig ein wenig dicker als beim Normal-Pfannkuchen in die Pfanne gefüllt. Beim Wenden muss man sehr vorsichtig vorgehen, weil die Beeren die Bruchgefahr steigern. Auch andere Beerenfrüchte können so verzehrt werden, aber mein persönlicher Favorit sind – allein der Farbe wegen – die Heidelbeeren.

Apfel-Pfannkuchen mit Vanillesoße

Apfel im Teig-Rock

Pfannkuchen:
1 EL Honig
150 ml lauwarmes Wasser
200 g Weizen, fein gemahlen
1 Ei
1 Prise Salz
500 g säuerliche Äpfel

Vanille-Soße:
1 EL Weizen, fein gemahlen
¼ TL gemahlene Vanille
250 ml Milch
1 TL Honig

Für den Pfannkuchenteig den Honig in dem Wasser auflösen und mit dem Weizenmehl, dem Ei und dem Salz zu einem zähflüssigen Teig verarbeiten. Von den Äpfeln die Kerngehäuse entfernen und die Äpfel in etwa einen Zentimeter dicke, runde Scheiben schneiden.

Für die Vanille-Soße den Weizen mit der Vanille gut vermischen. Von der Milch so viel abnehmen, dass sich damit das Vanille-Mehl-Gemisch klumpenfrei glatt rühren lässt. Den Rest der Milch erwärmen und mit dem Honig dezent süßen. Die Vanille-Mehl-Milch-Zubereitung dazugeben, unter ständigem Rühren kurz aufkochen und dann abkühlen lassen.

Nun das Fett in der Pfanne erhitzen, die Apfelscheiben auf eine Gabel spießen und in den Teig tauchen, bis sie rundum benetzt sind. Auf beiden Seiten ausbacken und warm stellen. Bei den Apfelpfannkuchen kann man je nach Pfannen- und Apfelgröße durchaus mehrere gleichzeitig in einer Pfanne braten. Mit einem Hauch Zimt bestäubt zu der Vanille-Soße servieren.

Holder-Küchle

Ein Blütentraum

150 g Weizen, fein gemahlen
150 ml Wasser
1 Ei
1 Prise Salz
16 Holunderblütendolden

Das Weizenmehl mit dem Wasser, dem Ei und dem Salz zu einem flüssigen Teig verarbeiten. Die Holunderblüten pflücken und waschen.

Die Holunderblüten am Stiel fassen, kopfüber in den Teig tauchen und sofort ins heiße Fett setzen. Dort werden die nicht teigbenetzten Stielenden mit einer Schere abgeschnitten, damit sie beim Wenden nicht im Weg sind. Dabei darf die Pfanne etwas mehr Bratfett als üblich enthalten.

Holder-Küchle sind zusammen mit einem Kompott ein wunderbarer Nachtisch, jedoch sollte man nicht mehr als vier davon essen, da sonst die arzneiliche Wirkung der Holunderblüten (sie sind mild abführend) möglicherweise zum Tragen kommt.

Pfannkuchen-Mandel-Rolle

Süße Spiralen

Pfannkuchen:
125 g Dinkel
1 Prise Anis
125 ml Wasser
1 Ei
1 Prise Salz

Füllung:
150 g Mandeln, fein geraspelt
30 g Butter
1 EL Honig
125 ml Sahne

Zunächst fertigt man bei diesem Rezept die Füllung an. Dazu die Mandeln in der Butter kurz anbraten und mit dem Honig süßen. Die Sahne zufügen und einmal kurz aufkochen lassen.

Für den Teig den Dinkel zusammen mit dem Anis fein mahlen und mit dem Wasser, dem Ei und dem Salz zu einem flüssigen Teig verarbeiten.

Aus dem Teig vier Pfannkuchen backen und jeden davon sofort nach dem Verlassen der Pfanne mit einem Viertel der Füllung bestreichen und zusammenrollen. Zum Servieren kann man jeden Pfannkuchen dann noch in vier einzelne Schnecken zerteilen, die aufrecht auf dem Teller stehen. Die Pfannkuchen-Mandel-Rollen schmecken hervorragend zu einem Obstsalat.

Kaiserschmarrn

Für Monarchisten und Demokraten

200 g Weizen, fein gemahlen
200 ml Milch
2 Eier
50 g Rosinen
125 ml warmes Wasser
1 TL Honig
1 Prise Salz
1 Prise Zimt
1 Prise Kardamom
1 TL Butter

Das Weizenmehl mit der Milch verrühren. Die Eier trennen, das Eigelb in den Teig geben und das Eiweiß steif schlagen. Die Rosinen in dem Wasser vorweichen, den Honig darin auflösen und alles in die Teigmischung geben. Die Gewürze dazugeben und den Eischnee unterheben.

Eine möglichst große Pfanne vorheizen und den ganzen Teig auf einmal hineingeben, durchbacken und wenden. Wenn die Rückseite fast fertig gebacken ist, den Pfannkuchen mit zwei Gabeln zerstückeln und mit der Butter goldgelb zu Ende backen, was eine ganze Weile dauern kann.

Anders als bei dem erheblich mehr Eier enthaltenden konventionellen Kaiserschmarrn muss die Köchin bzw. der Koch bei dieser Version deutlich mehr Sorgfalt walten lassen, da Milch und Honig sehr leicht anbrennen.

Schwarzwälder Hochhaus

Torte einmal anders

Teig:
100 g Dinkel, fein gemahlen
50 g gemahlene Haselnüsse
1 EL Kakaopulver
1 EL Honig
150 ml Milch
2 Eier

Füllung 1:
700 ml Kirschkompott
30 g Pfeilwurzmehl (oder ein anderes Geliermittel)

Füllung 2:
125 g Quark
125 ml Milch
Honig nach Geschmack
125 ml süße Sahne
1 Prise gemahlene Vanille

Für den Teig das Dinkelmehl mit den Nüssen und dem Kakao gut mischen. Den Honig hineingeben und mit der Milch glatt rühren. Die Eier trennen. Das Eigelb in den Teig geben, das Eiweiß sehr steif schlagen und unter den Teig heben.

Für die Füllung 1 die Kirschen durch ein Sieb gießen. Die Flüssigkeit mit dem Pfeilwurzmehl aufkochen und die Kirschen wieder in die abkühlende Masse hineingeben. Zwölf Kirschen für die Garnierung zurückbehalten.

Für die Füllung 2 den Quark mit der Milch glatt rühren und mit Honig süßen. Die Sahne steif schlagen, mit der Vanille verfeinern und unter die Quarkzubereitung heben.

Aus dem Teig vier Pfannkuchen backen. Sobald der erste fertig ist, beginnt mit ihm als Fundament auf einer Kuchenplatte die Konstruktion des Schwarzwald-Hochhauses, indem die Hälfte der Kirschgrütze gleichmäßig darauf verteilt wird. Dann kommen der zweite Pfannkuchen und darauf der Löwenanteil der Quark-Zubereitung, der dritte Pfannkuchen und die zweite Hälfte der Kirschgrütze. Den letzten Pfannkuchen mit einer dünnen Schicht der Quark-Speise bedecken und mit den Kirschen wie eine Torte dekorieren, mit ein wenig Kakao abstäuben und sofort servieren.

Mokka-Küchle

Statt Cappuccino

125 g Dinkel, fein gemahlen
1 TL Espresso, fein gemahlen
125 ml Espresso
Honig nach Geschmack
1 Ei
etwas Schlagsahne

Das Dinkelmehl mit dem Espressopulver mischen. Den Espresso kochen, abkühlen lassen, dann damit den Teig anrühren. Mit dem Honig ein wenig süßen und das Ei zufügen.

In eine Pfanne passen mehrere Mokka-Küchle. Man setzt sie esslöffelweise hinein. Mit einem kleinen Löffel Schlagsahne verziert, können sie den Cappuccino nach dem Essen ersetzen.

Kokos-Pfannkuchen

Wer hat die Kokosnuss?

1 EL Honig
200 ml warmes Wasser
100 g Kokosraspel
100 g Weizen, fein gemahlen
1 Ei
1 Prise Salz
1 Prise Zimt

Den Honig in dem Wasser auflösen. Die Kokosraspel und das Weizenmehl mischen und in das Honigwasser einrühren. Das Ei und die Gewürze zuletzt dazugeben und dann den Teig gut durcharbeiten.

Besonderheiten: Beim Backen sollte man darauf achten, dass die Kokos-Pfannkuchen deutlich kleiner sind als der Pfannenboden, so lassen sie sich besser wenden, da der warme Honig im Teig sie sehr zerbrechlich macht.

Flambierte Mandel-Pfannkuchen

Vorsicht: heiß!

Teig:
150 g Weizen, fein gemahlen
150 ml Wasser
2 Eier
1 EL Honig
1 Prise Salz
100 g Mandeln

Zum Flambieren:
2 EL Grand Marnier pro Pfannkuchen

Das Weizenmehl mit dem Wasser, den Eiern, dem Honig und dem Salz zu einem flüssigen Teig verarbeiten. Die Mandeln mit heißem Wasser übergießen, die Häute abziehen und die Mandeln grob hacken.

Bei dieser Variante empfiehlt sich als Bratfett Butter oder Butterschmalz, da die Backtemperatur eher niedrig ist. Zunächst wird ein Viertel der Mandeln in die heiße Pfanne gegeben und ein wenig geröstet. Dann füllt man ein Viertel des Teiges ein, bäckt den Pfannkuchen von beiden Seiten und stellt ihn warm, bis alle vier fertig sind.

Zum Servieren den Grand Marnier erwärmen, vorsichtig anzünden und brennend über die Pfannkuchen gießen.

Reis-Pfannkuchen mit Brombeer-Quark

Interessante Geschmacksvariante

150 g Rundkorn-Reis, fein gemahlen
250 ml Milch
1 Ei
1 Prise Salz

Alle Zutaten zu einem flüssigen Teig verarbeiten.

Ergibt etwa acht kleine Pfannkuchen.

Am besten bäckt man die Reispfannkuchen sehr klein, sodass sie den Pfannenboden nicht ganz ausfüllen. Da sie recht schnell fertig gebacken sind, ist es gut, wenn man mit dem Küchenfreund frei hantieren kann. Der Teig muss zwischendurch öfter durchgerührt werden, weil das Reismehl dazu neigt, sich am Schüsselboden abzusetzen.

Beilage:
125 g Quark
125 ml Milch
200 g frische Brombeeren oder 125 g Brombeer-Marmelade
etwas Honig

Den Quark mit der Milch glatt rühren und die Brombeeren oder die Brombeer-Marmelade unterrühren. Mit Honig nach Geschmack süßen.

Exkurs

Definitionsprobleme »Ick bin ein Berliner«

Bei der Recherche für dieses Buch geriet ich manchmal ins Zweifeln, ob ein gerade studiertes und probiertes Rezept wirklich noch als Pfannkuchen durchgeht oder schon anders genannt werden sollte. Ein Musterbeispiel dafür sind die Berliner oder Krapfen oder Kräppel, die der leibhaftige Berliner Mensch aus völlig unerfindlichen Gründen (Hauptstadt-Hybris?) Pfannkuchen nennt, obwohl nie in seinem kurzen Leben ein Berliner (Krapfen, Kräppel) je eine Pfanne gesehen hat. Bei Nachforschungen unter Eingeborenen konnte diese Eigentümlichkeit nicht befriedigend erklärt werden. Als einzige nachvollziehbare Begründung hieß es: »Icke bin doch keen Kannibale« oder so ähnlich. Jedenfalls weiß ich jetzt, dass der Berliner Mensch mit »Pfannkuchen« ein schwimmend in Fett gebackenes Hefeteilchen meint und zu dem, was ich »Pfannkuchen« nenne, »Eierkuchen« sagt. Ungeklärt bleibt weiterhin, wie der Berliner Mensch seine Eierkuchen bezeichnet, wenn er sie mithilfe des vorliegenden Buches ohne Ei zubereitet.

Als ich an dieser Stelle der inhaltlichen Auseinandersetzung mit der Pfannkuchen-Definition angekommen war, wurde mir klar, dass dieses Problem nur durch eine einfache Lösung aus der Welt zu schaffen war. Aus diesem Grunde gibt es im Rezept-Teil eine eigene Abteilung für die Namensvettern, weitläufigen Verwandten und Mutanten aus dem Graubereich der pfannengeborenen Gaumenfreuden.

Grenzfälle

Ähnlich, aber anders

Berliner, Krapfen oder für Berliner: Pfannkuchen

Fettgebackene Hefeteilchen

250 ml Milch
1 Würfel Hefe
1 EL Honig
500 g Weizen, fein gemahlen
1 Ei
100 g Kokosraspel

Die Milch handwarm erwärmen und die Hefe mit dem Honig darin auflösen. Das Weizenmehl vorsichtig einarbeiten und das Ei unter den Teig kneten. Den Teig zehn Minuten kneten und noch 30 Minuten gehen lassen.

Aus dem Teig Bällchen von etwa fünf bis sechs Zentimeter Durchmesser formen, nach Geschmack mit einer Küchenspritze mit Marmelade füllen und 30 Minuten gehen lassen. Danach schwimmend in Fett bei etwa 180 °C auf jeder Seite drei Minuten ausbacken, aus dem Fett fischen und mit Kokosraspel bestreuen.

Reiberdatschi, Kartoffelpuffer oder Kartoffel-Pfannkuchen

Deftige Kartoffelzubereitung

500 g Kartoffeln
1 große Zwiebel
1 Ei
1 Prise Salz

Die Kartoffeln schälen und mit der Zwiebel fein reiben. Das Ei und das Salz zufügen und gut durchrühren.

Die Reiberdatschi mit einem großen Esslöffel in die Pfanne ins heiße Fett setzen und mit dem Löffelrücken sofort möglichst dünn verteilen. An der Bräunung ihres Randes erkennt man, wann es Zeit ist, sie zu wenden. Den restlichen Teig zwischendurch öfter durchrühren, damit sich nicht so viel Flüssigkeit absetzt. Der unübertroffene Serviervorschlag läuft unter dem Decknamen »Himmel und Erde« und besteht aus der Kombination von Reiberdatschi mit Apfelmus.

Zuckererbsen-Omelett

Eigentlich ein Rührei

800 g frische Erbsen
150 ml süße Sahne
2 Eigelb
1 Prise Salz
Pfeffer nach Geschmack
2 Eiweiß
2 mittelgroße Tomaten

Die Erbsen auspulen. Die Sahne mit dem Eigelb mischen und mit Salz und Pfeffer würzen. Das Eiweiß sehr steif schlagen und unterziehen, dann die Erbsen zufügen. Die Tomaten klein schneiden.

Die Teigmenge reicht für 2 Omeletts. Die Pfanne darf bei dieser Zubereitung auch gerne mit Butter gefettet werden, da hier eher niedrigere Temperaturen gebraucht werden. Also: Die Hälfte der Teigmasse bei mäßiger Hitze in die gefettete Pfanne geben, die erste gewürfelte Tomate daraufstreuen und bei geschlossenem Deckel etwa fünf Minuten garen lassen. Diese Art von Omeletts wird nicht gewendet! Vor dem Servieren mit frischem Basilikum bestreuen.

Frittata mit Spargel

Rührei, italienisch

250 g frischer Spargel
1 mittelgroße Zwiebel
etwas Butter
2 Eier
50 ml süße Sahne
1 Prise Salz
Pfeffer nach Geschmack

Den Spargel schälen und in etwa ein Zentimeter lange Stücke schneiden. Die Spargelstücke zwei Minuten lang in kochendem Salzwasser blanchieren, herausnehmen und abtropfen lassen. Die Zwiebel klein hacken und in der Butter andünsten. Die Spargelstücke zufügen und kurz mitbraten. Die Eier mit der Sahne und dem Salz schaumig schlagen, mit Pfeffer abschmecken und die Spargelstücke dazugeben.

Die Pfanne, in der man zuvor Zwiebel und Spargel angedünstet hat, wieder mit Butter fetten und auf mittlere Temperatur bringen. Das Eier-Zwiebel-Spargel-Konglomerat auf einmal hineingeben und bei schwacher Hitze etwa zehn Minuten vorsichtig braten. Nun folgt ein etwas aufwendigerer Wende-Prozess: Man lässt die Frittata seitlich aus der Pfanne auf einen Teller gleiten, legt darauf umgekehrt einen zweiten Teller, dreht das Ganze um, nimmt den ersten Teller, der nun oben liegt, ab und lässt die Frittata zurück in die Pfanne gleiten, wo sie in weiteren drei bis fünf Minuten fertig gart.

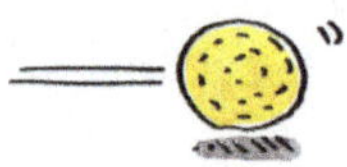

Backofen-Apfel-Pfannkuchen

Apfelkuchen einmal anders

2 Eigelb
1 EL Honig
80 g zerlassene Butter (und etwas mehr für die Form)
120 g Weizen, fein gemahlen
200 ml Milch
2 Eiweiß
500 g säuerliche Äpfel

Das Eigelb mit dem Honig schaumig rühren. Die Butter zufügen und noch einmal kräftig durchschlagen. Nun das Weizenmehl und die Milch unterrühren. Das Eiweiß sehr steif schlagen und unterheben. Von den Äpfeln Kerngehäuse entfernen und die Äpfel grob raspeln.

Die Apfelstückchen in einer gefetteten Kuchenform mit hohem Rand gleichmäßig verteilen, den Teig darübergießen und das Ganze etwa 45 Minuten bei 175 °C im Backofen backen. Den gebackenen Pfannkuchen am besten warm servieren und zum Kaffee oder als Dessert genießen.

Kartoffel-Tortilla

Spanisches Kartoffel-Rührei

500 g Kartoffeln
50 g Butter
1 rote Paprika
1 große Zwiebel
12 schwarze Oliven
1 Prise Salz
2 Eier
50 ml süße Sahne

Die Kartoffeln schälen und in etwa einen Zentimeter große Würfel schneiden. Die Butter in der Pfanne erhitzen, die Kartoffeln hineingeben und etwa acht Minuten bei mittlerer Hitze unter häufigem Wenden braten. Paprika in feine Streifen schneiden, die Zwiebel fein hacken, die Oliven klein schneiden und alles in die Pfanne geben. Das Ganze drei bis vier Minuten mitbraten und mit Salz nach Geschmack würzen. Die Eier und die Sahne miteinander verquirlen und mit Salz abschmecken.

Wenn das Kartoffelgemüse in der Pfanne fast gar ist, die Eiermasse darübergeben und bei schwacher Hitze fünf bis sieben Minuten stocken lassen. Mit dem Zwei-Teller-Trick (siehe Seite 126) wenden und die Rückseite ebenfalls kurz bräunen.

Puris

In Fett schwimmend gebacken

150 g Weizen, fein gemahlen
50 g Hartweizen, fein gemahlen
½ Päckchen Backpulver
1 Prise Salz
Wasser
Fett zum Ausbacken

Die beiden Mehlsorten mit dem Backpulver und dem Salz mischen, mit dem Wasser zu einem elastischen Teig verarbeiten und diesen 30 Minuten ruhen lassen.

Walnussgroße Teigbällchen zu dünnen, runden Fladen ausrollen und in heißem Fett schwimmend ausbacken.

Zucchini-Puffer

Reiberdatschi aus Zucchini

400 g Zucchini
1 Zwiebel, fein gehackt
1 – 3 Knoblauchzehen
100 g Dinkel, fein gemahlen
2 Eier
100 g Schafskäse, fein gekrümelt
Salz nach Geschmack

Die Zucchini fein raspeln und mit den Zwiebeln scharf anbraten, bis die Flüssigkeit weitgehend verdampft ist. Den Knoblauch klein schneiden, untermischen und die Pfanne vom Feuer nehmen. Das Dinkelmehl, die Eier und den Schafskäse in die Zucchini-Masse geben und mit Salz abschmecken.

Wie beim Kartoffelpuffer (siehe Seite 124) gibt man die Teigmasse mit einem großen Esslöffel direkt in die Pfanne ins heiße Fett, streicht sie mit dem Löffelrücken flach und wendet sie dann mit dem Küchenfreund. Da sich dabei mehrere Puffer gleichzeitig in unterschiedlichen Garstufen in einer Pfanne tummeln, ist hohe Aufmerksamkeit vonnöten. Das Ergebnis serviert man zusammen mit einem Rohkostsalat als leichte Sommer-Mahlzeit.

Wildreis-Pfannkuchen

Etwas für Gourmets!

150 g Wildreis
300 ml Wasser
1 Prise Salz
2 Eier
50 g Weizen, fein gemahlen

Den Wildreis in dem Wasser mit dem Salz weich kochen und abkühlen lassen. Die Eier und das Mehl unterrühren.

Die Wildreis-Pfannkuchen sind formal eher der Kategorie »Puffer« zuzuordnen. Sie werden wie diese mit einem Esslöffel in dem heißen Fett abgesetzt und mit dem Löffelrücken gleichmäßig glatt gestrichen. Zu einem Kürbis-Gemüse schmecken sie hervorragend.

Heimat einer gern gegessenen Spezies

Die Pfannkuchen-Häuser

Eine neue Form der Trend-Gastronomie findet immer mehr Freunde: die Pfannkuchen-Häuser. Auch wenn diese Restaurants im Regelfall weder der vollwertigen, noch der vegetarischen Küche huldigen, so handelt es sich doch um begrüßenswerte Heimstätten der Kulturpflege. Deshalb dokumentieren wir hier alle uns zugänglichen Anschriften dieser Lokale (Stand 1.12.2015). Für Ergänzungen sind wir dankbar. Vor einem Besuch empfiehlt sich ein Anruf zur Klärung der Öffnungszeiten.

Eiscafe & Pfannkuchenhaus
Gasthaus Altkleinzschachwitz No. 1
Altkleinzschachwitz 1, 01259 Dresden
Tel. 0351-2018024, www.pfannkuchenhaus-dd.de

Pfannkuchenhaus Zur alten Mühle
Dammstr. 2A, 03222 Lübbenau/Spreewald
Tel. 03542-405500, www.schwerdtners-kahnfahrten.de

Pfannkuchenhaus Dierhagen-Strand
Waldstr. 4, 18347 Dierhagen
Tel. 038226-80464, www.pfannkuchenhaus-dierhagen.de

Das Pfannkuchenhaus
Dorfstr. 14, 19322 Hinzdorf
Tel. 03877-902029
www.das-pfannkuchenhaus-hinzdorf.de

Pfannkuchenhaus Scharbeutz
Seestr. 8 – 10, 23683 Scharbeutz
Tel. 04503-75014
www.pfannkuchenhaus-scharbeutz.de

Das Pfannkuchen-Haus im Prinzen-Hof
Ingrid und Winfried Prinzen
Gmelinstr. 29, 25938 Wyk auf Föhr
Tel. 04681-765
www.prinzenhof.inselseiten.de/das-pfannkuchen-haus.html

Pfannkuchenhaus am Sieltor
Küstenstr. 24, 26434 Wangerland-Friederikensiel
Tel. 04463-8097150, www.amsieltor.de

Restaurant Pfannkuchen-Haus Hannover
Calenberger Str. 27, 30169 Hannover
Tel. 0511-17113, www.pfannkuchenhaus.de

Pfannkuchenhaus-Antik-Café
Jakobikirchgasse 2, 31134 Hildesheim
Tel. 05121-32414, www.antik-cafe.info

Pancake-Pfannkuchenhaus Kassel
Auedamm 17, 34121 Kassel
Tel. 0561-23171, www.pancake-kassel.de

Netzer Bahnhof, Das Pfannkuchenhaus
Edertalstr. 3, 34513 Waldeck-Netze
Tel. 05634-994884 , www.pfannkuchenhaus-netze.de

Pfannkuchenstube
Im Loch 6 – 8, 40724 Hilden
Tel. 02103-47222, www.pfannkuchenstube.de

Pfannkuchenhaus-Wuppertal
Uellendahler Str. 691, 42281 Wuppertal
Tel. 0202-701600, www.pfannkuchenhaus-wuppertal.de

Pfannkuchen Haus Coenenmühle
Könenmühle 1, 42929 Wermelskirchen
Tel. 02193-3083, www.coenenmuehle.com

Pfannkuchen und Hexenhaus
Camargue Pfannkuchenhaus GmbH
Eschenbruch 30, 45481 Mülheim
Tel. 0208-460033, www.pfannkuchen-schnitzelhaus.de

Pfannkuchenhaus Oberhausen
Promenade 17, 46047 Oberhausen
Tel. 0208-6944441, www.pfannkuchenhaus-online.de

Restaurant Jägerhof – das Pfannkuchenhaus
Holderbergerstr. 150, 47447 Moers
Tel. 02841-96317, www.jaegerhof-holderberg.de

Pfannkuchenhaus
Lotter Str. 22, 49078 Osnabrück
Tel. 0541-47620
www.lotterstrasse.de/mitglieder/uebersicht/pfannkuchenhaus.html

Gasthof zum alten Rathaus
Das Pfannkuchenhaus in Alt-Kaster
Hauptstr. 46, 50181 Bedburg
Tel. 02272-902890, www.pfanntastisch.de

Pfannkuchenhaus Leverkusen, Haus Ferger
Bergische Landstr. 25, 51375 Leverkusen
Tel. 0214-505507, www.pfannkuchenhaus-lev.de

Pfannkuchen Haus
Hauptstr. 60, 51588 Nürnbrecht
Tel. 02293-3530, www.pfannkuchen-haus.com

Pfannkuchen-Mühle
Bröltalstr. 5, 53819 Neunkirchen-Ingersau
Tel. 02247-5871, www.pfannkuchen-muehle.de

Pfannkuchenhof
Meesmannstr. 85, 58456 Witten
Tel. 02302-79509, www.pfannkuchenhof.de

Cafe Pfannkuchen am Herstallturm
Weißenburger Str. 1-3, 63739 Aschaffenburg
Tel. 06021-5832784, www.cafe-pfannkuchen.de

Das Pfannkuchenhaus am Lanzgarten
Meerfeldstr. 81, 68163 Mannheim-Lindenhof
Tel. 0621-8325162, www.pfannkuchenhausmannheim.de

Ulmer Pfannkuchenhaus
Fischergasse 12, 89073 Ulm
Tel. 0731-67408, www.erstes-ulmer-pfannkuchenhaus.de

Hotel Rappen Rothenburg ob der Tauber
Der Pfannkuchen-Kuchel
Vorm Würzburger Tor 6+10, 91541 Rothenburg ob der Tauber
Tel. 09861-95710, www.hotel-rappen-rothenburg.com

Heindl's Schmarren & Palatschinkenkuchl
Grashofgasse 4, 1010 Wien, Österreich
Tel. 01-5138218, www.palatschinkenkuchl.at

Palatschinken Insel
Wagramer Strasse 79-81, 1220 Wien, Österreich
Tel. 01-2033279
www.donauzentrum.at/W/do/centre/shop-detail-palatschinken_insel

Cafe Restaurant Blaas Panoramablick Passau (Palatschinken)
Hinding 38, 4785 Freinberg, Österreich
Tel. 07713-8107, www.restaurant-blaas.at

Der Autor

Klaus Weber, Jahrgang 1951, hat in seinem Beruf als Graphik-Designer ein Faible für einfache und runde Sachen. Da er zudem noch gerne kocht und sich seit Jahrzehnten vollwertig ernährt, war die Entstehung dieses Buches nur eine Frage der Zeit. Dass der Verleger diese Zeit auch reichlich zur Verfügung stellte, sei ihm herzlich gedankt.

Die Illustratorin

Renate Alf, Jahrgang 1956, machte eine Ausbildung als Lehrerin für Biologie und Französisch. Seit 1983 ist sie als Cartoonistin tätig und durch ihre Bücher sowie durch regelmäßig erscheinende Cartoons in vielen Zeitschriften einem breiten Publikum bekannt. Sie hat vier erwachsene Kinder und eine Enkeltochter.

Im pala-verlag sind die Titel *Vollwert-Naschereien, Zucchini, Vegetarisch grillen, Köstliche Kürbis-Küche, Spargelzeit!, Erbsenalarm!, Schneckenalarm!* sowie *Teenager auf Veggiekurs* mit Illustrationen von Renate Alf erschienen. Außerdem sind von ihr zahlreiche Bücher im Herder-Verlag, Freiburg, und bei Lappan, Oldenburg, erschienen.

Mehr über Renate Alf unter: www.renatealf.de

Rezept-Index

Andere Bücher mit Cartoons von Renate Alf

Irmela Erckenbrecht:
Erbsenalarm!
ISBN: 978-3-89566-201-0

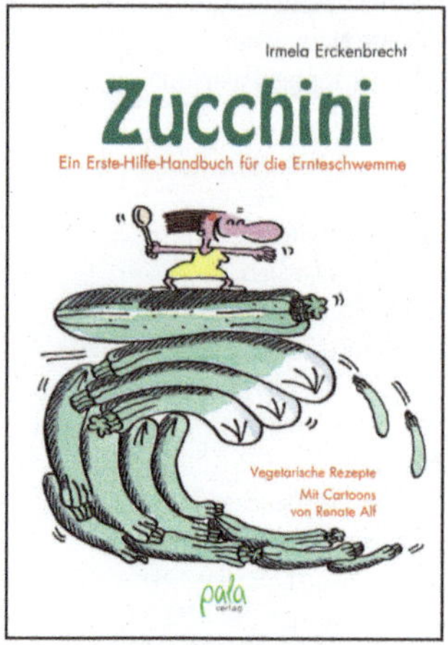

Irmela Erckenbrecht:
Zucchini
ISBN: 978-3-89566-346-8

Sofie Meys:
Schneckenalarm!
ISBN: 978-3-89566-322-2

Jutta Grimm:
Vegetarisch grillen
ISBN: 978-3-89566-301-7

Vollwertküche mit Pfiff

Astrid Poensgen-Heinrich:
Spargelzeit!
ISBN: 978-3-89566-185-3

Petra Müller-Jani und Joachim Skibbe:
Köstliche Kürbis-Küche
ISBN: 978-3-89566-319-2

Irmela Erckenbrecht:
Teenager auf Veggiekurs
ISBN: 978-3-89566-321-5

Anja Völkel:
Zauberhafte Weihnachtsbäckerei – glutenfrei
ISBN: 978-3-89566-338-3

Vollwertig, vegetarisch, gesund

Wolfgang Hertling:
Kochen mit Hirse
ISBN: 978-3-89566-260-7

Ute Rabe:
Dinkel und Grünkern
ISBN: 978-3-89566-189-1

Anja Völkel:
Quinoa – Korn der Anden
ISBN: 978-3-89566-350-5

Herbert Walker:
Schwäbisch kochen – vollwertig
ISBN: 978-3-89566-208-9

Gesamtverzeichnis bei: pala-verlag, Postfach 11 11 22, 64226 Darmstadt, www.pala-verlag.de, E-Mail: info@pala-verlag.de

ISBN: 978-3-89566-349-9
Überarbeitete Neuausgabe 2015

Rheinstr. 35, 64283 Darmstadt
www.pala-verlag.de
Die erste Ausgabe dieses Buchs erschien im Jahr 2000.

Cartoons und Umschlagillustration: Renate Alf
Lektorat: Barbara Reis, Ute Galter, Wolfgang Hertling
Wir danken der taz für die Diskussionsbeiträge
auf den Seiten 20 bis 22.

Druck und Bindung: CPI books, Leck
Printed in Germany
Dieses Buch ist auf Papier aus 100 % Recyclingmaterial gedruckt.